후쿠시마에 산다

원전 제로를 향하는 사람들

原発ゼロへ: 福島に生きる

新聞赤旗社會部 著

© 2015 Shimbun Akahata

후쿠시마에 산다

원전 제로를 향하는 사람들

2015년 12월 22일 초판 1쇄 발행

지은이	《신문 아카하타》 사회부
옮긴이	홍상현
펴낸이	임두혁
편집	최인희 김삼권 조정민
디자인	토가 김선태

펴낸곳	나름북스
등록	2010. 3. 16 제2010-000009호
주소	서울 마포구 동교로 18길 31(서교동) 302호
전화	02-6083-8395
팩스	02-323-8395
이메일	narumbooks@gmail.com
홈페이지	www.narumbooks.com

ISBN   979-11-86036-08-2 03300

후쿠시마에
산다

원전 제로를 향하는 사람들

《신문 아카하타》 사회부 지음

홍상현 옮김

나름북스

한국어판 출간에 즈음하여

: 국민의 고난이 있는 곳에《신문 아카하타》

2011년 3월 11일 일어난 동일본대지진은 도호쿠東北 지방을 중심으로 한 일본 전역에 미증유의 피해를 입혔습니다.

이튿날인 12일, 도쿄전력 후쿠시마 제1원전의 제어가 불가능해지면서 수소폭발이 발생했고 방사능이 광범위하게 확산되었습니다.

그로부터 4년 8개월이 지났음에도 후쿠시마 현의 피난민 숫자는 10만3497명(2015년 11월 16일 현재)에 달하며, 아직 많은 분들이 고향에 돌아오지 못하고 있습니다.

"지진과 지진해일뿐이었다면 희생되지 않았을 사람도 있었다"고 증언하는 나미에마치浪江町 이재민. 원전 사고가 일어난 직후 나미에마치 우케도請戶 지구 출입이 금지되는 바람에 사람들은 생존자가 남아 있다는 것을 알면서도 아무런 조치를 취할 수 없었습니다.

일본공산당은 대지진 발생 직후부터 당원들과 소속 지방 의원들, 그리고 전국에서 모여든 당 소속 자원봉사자들이 자발적으로 이재민들의 요구에 부응하여 배식 등을 비롯한 구호 활동에 총력을 기울였습니다. "국민이 고통받을 때 함께하며, 고난의 경감을 위해 헌신하는" 일본공산당의 창당정신이 발휘된 것입니다.

아울러 3월 31일에는 '동일본대지진에 관한 제언'을 발표, 이재민 구원救援, 원전 사고 위기 수습 등 긴급 현안에 초점을 맞춘 정책을 제시했습니다. 이 호소에 따라 당의 피해 지역 구호 활동도 더욱 확산되었습니다.

여기서 잠시 역사적 사건을 되짚어 보겠습니다. 1923년 9월 1일, 9만1천 명 이상의 사망자를 낸 관동대지진이 일어났습니다. 당시 지배세력은 이 대지진을 맞아 실로 경악할만한 야만적 테러리즘으로 치달았습니다. '조선인과 사회주의자들이 폭동을 꾸미고 있다'는 루머를 유포해 6천 명 이상의 조선인을 살해했습니다. 동시에 이재민 구호 활동을 벌이던 일본 공산청년동맹 초대 위원장 가와이 요시토라川合義虎(당시 21세) 등도 가메이도亀戸 경찰서로 끌려가 학살당했습니다. 이른바 '가메이도 사건'입니다.

이에 도쿄 도 스미다墨田 구 요코아미초橫網町 공원에 조선인 희생자 추모비가 세워졌습니다. 추모비에는 "이 역사를 영원히 기억하여 재일조선인과 굳게 손잡고 양국 친선과 아시아 평화를 이룩하자"는 헌사가 새겨져 있습니다.

관동대지진 발생 88년 후 일어난 동일본대지진 당시에도 인터넷을 통해 '약탈이 일어나고 있다'는 등 유언비어가 유포되었지만 앞서 언급한 역사적 교훈에 힘입어 참극이 반복되지는 않았습니다. 이 사실과 관련해 우리는 인권과 생명의 존엄에 대한 국민 의식 발전을 향해 주민들과 함께해 온 일본공산당의 존재 의의를 다시금 확인할 수 있었습니다.

일본공산당 시이 가즈오 위원장은 2015년 10월 22일 한국을 방문해 서울 건국대학교에서 강연을 했습니다. 이 자리에서 "(일본은) 1923년 관동대지진 당시 많은 재일 조선인이 학살당했던 역사를 '마땅히 부끄러워해야' 하며, '있는 그대로 기억하고 직시해야' 한다"고 강조하고, 당시 이 문제와 관련해 연대를 호소한 일본공산당 중앙기관지 《아카하타赤旗》를 소개했습니다.

이렇듯 일본공산당은 전전과 전후 일관되게 침략 전쟁을 목숨 걸고 반대했으며, 한·일 양국 국민의 우호와 연대를 위해 활동해 온 것입니다.

머지않아 동일본대지진 발생 5년째를 맞게 됩니다. 하지만 원전 사고로 후쿠시마 주민들이 입은 몸과 마음의 피해·손해는 여전히 현재진행형입니다. 아니, 시간이 흐름에 따라 더욱 복잡하고 해결하기 힘든 과제들마저 불거지고 있습니다. 어떻게 이러한 문제들을 극복하며 살아갈 것인지 고민하던 와중에 많은 분들이 '그저 피해자에 머물러 있을 때가 아니'

라는 판단을 내리고, 정부와 도쿄전력에 원상회복과 손해 배상을 요구하는 소송을 제기했습니다. 한반도에서 오신 재일 동포 여러분들을 포함해 무려 4천 명이 넘는 주민들이 원고로 참여하고 있습니다.

'생업을 돌려줘, 지역을 돌려줘!' 후쿠시마 원전 소송 원고 단장 나카지마 타카시中島孝 씨는 "우리는 민주주의를 만들어 가는 과정에서 하나의 큰 장애물을 넘고 있습니다. 오늘날 일본의 민주주의가 어느 지점에 와 있는지 검증하는 것이지요. 같은 문제에 직면해 계신 한국의 여러분과도 연대하고 싶습니다"라고 이야기합니다.

《후쿠시마에 산다》에는 지면 관계상 2014년 11월 5일까지 수록을 허락해 주신 원고단과 피난민 여러분의 절규만이 담겨 있습니다.

하지만 《신문 아카하타》는 "국민의 고난이 있는 곳에《신문 아카하타》"를 모토로, 원전 제로와 피해자 완전 구제 실현을 위해 연재 '후쿠시마에 산다'를 지금 이 순간까지도 이어가고 있습니다.

　아무쪼록 이 책이 많은 한국의 독자 여러분과 만날 수 있기를, 아울러 한번쯤 후쿠시마를 직접 방문하셔서 원전 사고의 실태를 몸소 검증해 보는 계기로 작용할 수 있다면 더 바랄 것이 없겠습니다.

　뜨거운 우정과 연대를 담아.

2015년 11월 20일 《신문 아카하타》 사회부
기자 칸노 히사오 菅野尚夫

'후쿠시마에 산다'는 것
: 머리말을 대신하여

'생업을 돌려줘, 지역을 돌려줘!' 후쿠시마 원전 피해 변호단 사무국장
마나기 이즈타로馬奈木嚴太郎

잊히지 않는 광경이 있다. 2013년 7월 16일 '생업을 돌려줘, 지역을 돌려줘!' 후쿠시마 원전 소송의 첫 번째 기일期日. 후쿠시마지방재판소의 법정에 힘찬 목소리가 울려 퍼졌다.

"제2의 후쿠시마 원전 사고로 우리가 맛본 고통, 괴로움을 결코 다른 사람들이 경험해선 안 됩니다. 그것은 필시 이 나라의 마지막을 의미할 것입니다. 따라서 후쿠시마 원전 사고의 경험을 되살려야만 합니다. 우리 원고단은 원전 사고로 곤란

에 빠졌지만, 일본인들이 그 일로부터 명백한 교훈을 얻어 커다란 진전을 이루었다는 세계적 평가를 받기 바랍니다. 그리고 이 재판을 '인류사에 획기적인 변화를 이끌어냈다'고 후세에 끊임없이 회자되는 대의를 가진 것으로 만들고 싶습니다. 난관으로부터 벗어나 미래를 만들어 가기 위해 노력하는 사람들이 용기를 낼 수 있도록, 그리고 후세에 인류사적 전기를 마련했다는 평가를 받을 수 있도록, 열의와 정의가 넘치는 재판소의 판단을 진심으로 부탁드리며 원고들을 대표해 진술하는 바입니다."

사고 이후 3년 8개월이 지났다. 오염수 하나를 봐도 알 수 있듯, 사고는 아직도 수습되지 않았을 뿐더러 전망마저 불투명하다. 원인조차 해명되지 않은 채 오늘도 피해가 계속되고 있다.

물론, 다른 한편으로 변화의 모습 또한 관찰된다. 프레콘팩フレコンバッグ(유연성 용기Flexible Containers를 뜻하는 신조어. ―옮긴이)이라 불리는 제염 용기가 산처럼 쌓이고 있다. 길가에서 제

염 작업의 진행을 알리는 표지판을 보는 경우도 늘었다. 정부와 현 당국의 귀환 촉진 방침과 더불어 피난 지시가 해제되고 국도 6호선이 전면 개통되기도 했다.

이러한 변화를 바라보며 많은 이들의 머릿속에 무겁게 자리한 생각이 있다. "그 사고는 도대체 뭐였을까?", "앞으로 우리와 이 지역은 어떻게 될까?"

이 책에 등장하는 분들은 이런 의문의 답을 스스로 찾았거나 혹은 지금 이 순간에도 찾기 위해 노력하고 있다. 지금까지 이어지는 피해를 호소하는 분, 지역에서 다양한 탈脫원전 활동에 몰두하는 분, 도쿄전력을 상대로 농작물이나 생업 등에 대한 손해배상을 청구 중인 분, 사고가 일어나기 전부터 원전의 위험성을 호소하며 건설에 반대해온 분 등 그 성격이나 속한 지역 또한 매우 다양하다.

아울러 이 분들 가운데 적지 않은 인원이 원고로서 재판에 참여하고 있다.

어쩔 수 없이 정든 고향을 떠나 지금도 피난생활을 이어가

고 있는 15만 명이 넘는 분들 중, 나라바마치楢葉町 출신자들을 중심으로 도쿄전력에 부동산 관련 손해배상 및 실향위자료失鄉慰藉料를 청구하는 소송이 이뤄지고 있으며, 이와키いわき 시에 거주했던 분들의 경우 국가와 도쿄전력을 상대로 위자료 청구 소송을 진행 중이다. 개별 구제를 요구하며 소송을 시작한 경우도 있다. 물론 이 분들도 책에 등장한다.

아울러, 전체 구제를 요구하며 소송을 제기한 사례 또한 존재한다. 그것이 바로 앞서 소개한 '생업을 돌려줘, 지역을 돌려줘!' 후쿠시마 원전 소송('생업 소송')이다. 정부와 도쿄전력을 피고로 하는 이 소송에는 후쿠시마 현 59개 시정촌에서 약 4천 명의 원고가 참여하고 있다. 후쿠시마 사상 최대 규모의 재판인 것이다. 이 책에 등장하는 분들 중 대부분은 바로 이 생업 소송의 원고이기도 하다. 그러한 이유로 여기서 잠시 생업 소송의 목적을 간략히 소개해 보도록 한다.

생업 소송의 특징 중 하나는 '원상복구'를 요구하고 있다는 점이다. 고향과 생활·생산의 현장이 오염된 이들의 입장에서 보면 지극히 당연한 요구라 할 수 있다. 다만 알아둘 것은 사고 전인 3월 10일의 상태로 돌려놓으라는 주장이 아니라는 사실이다. 원고단이 요구하는 것은 단순히 사고 전으로 돌아가자는 것이 아니라 피해의 원인이었던 원전을 없애자는, 다시 말해 "방사능도 없고, 원전도 없는 지역을 만들자"는 넓은 의미에서의 '원상회복'이다.

두 번째는 '전체 구제'다. 4천 명에 달하는 이 재판의 원고들이 '우리만 구제해 달라'고 이야기하는 것이 아니다. 일반적인 재판의 경우 빌린 돈을 갚으라든가 집을 내놓으라는 고소인 청구의 인정 여부를 문제 삼지만, 이 재판의 원고들은 '수많은 사람이 입은 피해에 대한 구제'를 요구한다. 재판의 판결을 통해 전체 구제가 제도화되는 전기를 마련하려는 것이다. 다시 말해 이번 사고와 관련해 국가의 법적 책임을 분명히 함으로써 국가에 피해 구제의 의무가 있다는 점을 명확히 하고 그 피해에 걸맞은 생활 재건과 건강 피해, 제염, 배상 등을 위해 제도 및 입법을 요구하는 재판인 것이다. 이는 후쿠시마의 모든 시정촌을 비롯해 미야기, 야마가타, 이바라키 등을 망라하는 지역에 대규모 원고단이 구성된 이유이기도 하다.

세 번째는 '탈원전'이다. '더는 피해자가 나오지 않기 바란다', '이런 피해자는 우리가 마지막이었으면 좋겠다'는 생각은 모든 피해자가 같다. 이는 더 이상 원전 사고의 피해자가 나오지 않기를, 나아가 그 피해 자체가 근절되기를 바라는 열망에서 비롯된다. 아울러 피해의 근절을 위해 노력하다 보면 결국 그 원인인 원전을 어떻게 할 것인가의 문제에 도달할 수밖에 없다. 그런 의미에서 피해 구제를 요구하는 원고들이 '탈원전'을 요구하게 된 것은 결코 우연이 아니다.

피해에 대한 구제와 탈원전을 요구하는 목소리는 정부가 이에 근본적으로 반하는 정책을 취하고 있는 이상 나날이 강해지고 그 절실함을 더해갈 것이다. 이 책에 등장하는 분들은 원전 사고로 피해를 입었지만, 결코 피해자에 머물러 있지 않았다. 마지막으로, 바로 이 분들에게 진심어린 존경을 표하는 바이다.

목차

2장 _ 포기하지 않겠다

(2013년 8월 19일 자 ~ 2013년 12월 30일 자)

3장 _ 쉼 없이 목소리를 높이며

(2014년 1월 6일 자 ~ 2014년 6월 14일 자)

4장 _ 내일을 향해, 앞만 보고 간다
(2014년 6월 17일 자 ~ 2014년 11월 5일 자)

1장

치유되지 않은 마음의 상처

(2012년 10월 8일 자 ~ 2013년 8월 15일 자)

어구를 손질하며

나미에마치의 어부
사쿠라이 오사무 씨

◎ 삭막한 가설주택, 새장 속 갈매기 신세

"바다로 돌아가 고향의 생선 맛을 봐야죠." 76세의 어부 사쿠라이 오사무桜井治 씨가 결연한 어조로 말했습니다. 그는 후쿠시마 현 나미에마치 우케도에서 태어나 19살에 어부가 되어 50년 이상을 바다에서 살았습니다.

사쿠라이 씨는 어선 전복사고로 부친을 잃었습니다. 당시의 우케도는 어항漁港이 정비되어 있지 않았으므로 하천에 어선을 묶어 두었다가 그곳에서 바로 바다로 나가곤 했습니다. 그런 환경에서 바다로 향하는 강줄기와 반대 방향에서 밀려오는 큰 파도가 서로 부딪혀 어선이 침몰해 버린 것입니다.

20대 중반 무렵엔 북양에서 꽁치나 연어, 송어 등을 잡는 고깃배를 타고 홋카이도까지 객지벌이를 다녀오기도 했습니다.

◎ 40대에 마련한 내 배

"마흔 줄에 접어들면서 내 배가 생겼지. 후쿠요시마루福吉丸라는 이름도 지어 줬어."

감회에 젖는 사쿠라이 씨. 세 번째 배였던 제3후쿠요시마루는 해일 때문에 육지로 흘러와 부서져 버렸습니다.

그간 넙치, 쥐노래미, 까나리, 멸치 조업을 주로 하다 '3.11'이 있기 전 10년 동안은 함박조개를 주로 잡아 왔습니다.

함께 어업을 하던 형은 피난통에 치바와 도쿄 등지를 전전하다 올해(2012년) 4월 별세했습니다.

그렇게 후쿠시마 현 니혼마쓰 시 가설주택에서 피난생활을 하며 지낸 지 어언 1년 반.

"하루라도 빨리 조업을 재개하면 원이 없겠다"는 사쿠라이 씨. 한 달에 한 번 잠깐 귀가합니다. "갈 때마다 바다를 보고와. 바다를 보면 기분이 좀 풀리거든." 매번 부친이 조난을 당한 곳 근처에 꽃을 가져다 놓는다고 합니다.

"가설주택에서 생활하다 보면 꼭 새장 속 갈매기가 된 것 같아. 바다 냄새도 없고, 고기떼를 쫓을 수도 없는. 갈매기가 뭍에 올라오면 무슨 쓸모가 있겠어. 지금이라도 바다에 나가면 어군탐지기 없이 고기떼를 찾아낼 수 있는데."

도쿄전력이 후쿠시마 제1원전을 지을 당시 사쿠라이 씨는 머리띠를 두르고 사람들과 함께 현청으로 달려갔었다고 합니다.

이후 '원전 머니'로 어항이 정비되었습니다. 살림이 나아지면서 2톤이었던 후쿠요시마루도 4톤으로 증축했습니다.

"원전은 안전하고 안심할 수 있으니 괜찮다는 주문呪文이 부지불식간에 침투하다 보니까 설마 원전이 폭발까지 할 거라고는 꿈에도 생각들을 못 했던 거지."

◎ **완전배상이 이뤄질 때까지**

최근 젊은 동료들은 사쿠라이 씨에게 "부디 한 번만 더 수고해 달라"고 부탁하고 있습니다. 어업협동조합에서 부조합

무사고 표창을 받은 후쿠요시마루의 깃발을 펼쳐 보이는 사쿠라이 씨(왼쪽)와 동료 와타나베 하루지渡部春治 씨 = 니혼마쓰의 가설주택에서

장과 이사를 지낸 그가 손해배상 교섭의 선두에 서 주기를 바라는 것입니다.

후쿠시마 제1원전에서 6킬로미터 떨어져 있는 우케도 어항 연안은 현재 방사성 물질에 오염된 물이 바다로 흘러들어 시험 조업은 물론 조업 재개의 전망 자체가 불투명한 상황입니다.

나미에마치로 돌아가기까지 5년은 기다려야 한다는 이야기도 들립니다.

"앞으로 5년은 가설주택에서 지내야겠구나 싶어. 그 이후의 일에 대해서 걱정이 안 된다면 거짓말이겠지만 아무튼 사태가 장기화되는 건 각오해야지. 완전배상으로 풍요롭던 바다를 돌려받기 위해서 싸울 거야"라며 말을 맺는 사쿠라이 씨. 지금도 어구 손질을 게을리하지 않고 있습니다.

_ 2012년 10월 8일 자

※

후쿠시마의 오늘,
다음 세대에 전하고파

고교생

요시노 사야카 씨

요시노 사야카吉野明日 씨(고교 3년생)는 후쿠시마 현 토미오카
마치富岡町에서 나고 자랐습니다. 이곳은 '요노모리夜の森공원'
의 벚꽃이 유명합니다. 해마다 봄이 되면 100년 넘은 왕벚나
무 1500그루가 L자형으로 줄지어 핑크빛에 물든 봄날을 즐기
는 모습이 장관을 이룹니다.

◎ 어머니의 유골을 모시고

"밤에 조명이 켜지면 정말 예뻤어요. 가족들과 벚꽃놀이를
가는 게 봄철의 가장 큰 즐거움이었죠. 어머니의 유골을 모시
고 다시 돌아가고 싶어요."

하지만 도쿄전력 후쿠시마 제1원전 사고는 가족의 단란한

시간마저 빼앗았습니다. 사고 이후 고향인 토미오카마치가 경계구역으로 지정되어 피난생활을 할 수밖에 없게 되었기 때문입니다.

원전 사고가 빼앗은 것은 그뿐만이 아닙니다. 유방암 치료 중이던 사야카 씨 어머니의 병세가 악화되어 결국 올해(2012년) 7월 돌아가신 것입니다.

"왜 이런 일이 일어났는지 생각하다 보면, 역시 사고를 일으킨 도쿄전력을 용서할 수가 없어요. 원전은 없애버리는 게 좋습니다. 재가동해서는 안 돼요"라고 강조하는 사야카 씨.

정신없이 슬픈 1년 반의 시간이었습니다. 작년 3월 11일, 사야카 씨는 서둘러 하교해 집에 돌아와 있었습니다. 지진으로 수도와 전기가 끊기고, 여진이 몇 시간이나 이어졌습니다. 캄캄한 어둠 속에서 가족 모두 고타츠炬燵(숯불이나 전기 등의 열원熱源 위에 탁자와 같은 틀을 놓고 그 위에 이불을 덮는 구조의 난방 기구. - 옮긴이)에 둘러 앉아 라디오 방송에 귀를 기울였지만, 원전에 관한 정보는 한마디도 전해지지 않았습니다.

피난 지시가 내려져 가와우치무라川内村의 초등학교로 피난한 후에야 신문을 보고 원전에 문제가 생겼다는 것을 알게 되었습니다. 아이들에게 요오드제가 배포되었고, 사야카 씨도 복용했습니다. 그리고 아침, 점심, 저녁 매 끼니를 주먹밥 한두 개로 때우는 생활이 이어졌습니다.

하지만 이윽고 '가와무라도 위험하다'는 말이 들려와 이삼일 분의 갈아입을 옷과 귀중품만을 가지고 다시 고리야마로 피난을 가게 되었습니다.

"엄마도 할머니도 불안한 얼굴이었어요. '언제 돌아오는 거야?'라고 물어봐도 '모르겠다'는 말뿐이어서 너무 불안했어요…"

◎ **피난**

고리야마의 피난소 환경이 너무 열악했기 때문에 사야카 씨 가족은 치바 현의 친척집에 신세를 지게 되었습니다. 그러나 친척들에게 너무 오래 부담을 줄 수는 없었기 때문에 사야카 씨의 오빠가 대학을 다니는 야마나시 현의 아파트를 임대해 그곳에서 지내기로 했습니다.

이렇게 몇 번이나 거처를 옮기면서 쌓인 스트레스로 가족들 모두 건강이 나빠졌습니다. 특히 암 치료 중이던 어머니에게는 고난의 연속이었습니다.

초등학교 시절부터 둘도 없던 친구와도 멀어졌습니다. 친구가 오키나와로 피난을 가버렸기 때문입니다.

그뿐만이 아닙니다. 사야카 씨가 다니던 후타바고등학교의 경우, 다시 만날 기약도 없이 다들 뿔뿔이 흩어져 버렸습니다. 현재 사야카 씨는 할머니와 후쿠시마 시내에 살면서 니혼

스기우치 세이키치杉内清吉 교감(왼쪽)과 진로상담을 하고 있는
요시노 사야카 씨(오른쪽)

마쓰 시내의 고등학교에 다니고 있습니다.

사야카 씨는 고교를 졸업하면 성우나 아나운서 같은 방송인을 양성하는 전문학교에 진학할 생각입니다.

"라디오 방송 진행자가 돼서 후쿠시마의 오늘을 다음 세대에 전하고 싶습니다."

_ *2012년 10월 9일 자*

함께 걸어가자

나미에마치에서 후쿠시마 시에 피난 중인
스도 카노 씨

후쿠시마 현 나미에마치 출신으로 후쿠시마 시내 사하라佐原 가설주택에서 피난생활을 하고 있는 스도 카노須藤カノ 씨는 최근 일본공산당에 입당했습니다. 후쿠시마 시의 낙농인으로 피해자 지원활동을 하던 당원 사사키 겐조·토모코 씨 부부의 권유로 같은 길을 걷게 된 것입니다.

사사키 씨 부부는 낯선 땅에서 하소연할 사람 하나 없어 힘들어하던 시절, 진심어린 태도로 사람들을 위로하며 쌀과 채소 등의 물자를 지원했습니다.

"남들을 위해 헌신하는 모습에 저뿐만 아니라 가설주택에 사는 많은 사람들이 감명을 받았을 거라고 생각합니다. 이제 함께 손잡고 앞으로 나아가고 싶어요."

스도 씨는 나미에마치에 살던 당시에도 지역 기초의회에

서 활동하던 일본공산당 소속 바바 이사오馬場績 의원을 알고 있었습니다. 그런 그를 보면서 "이 사람이라면 신뢰할 수 있겠다, 같이 한번 일해 볼까"라고 생각했던 것입니다.

◎ **거듭된 피난**

스도 씨가 가족과 함께 살던 나미에마치 쓰시마津島는 방사선량이 높아 지역의 회사들도 모두 피난을 가버렸습니다.

"큰아들 가족과 저를 포함한 일곱 식구 모두 말다툼 한 번 없이 사이좋게 지냈어요."

남편은 뇌지주막하 출혈로 23년 전 입원해 대지진 당시에

스도 카노(왼쪽에서 두 번째) 씨와 가족들

는 후타바의 노인시설에서 지내고 있었습니다. 이후 토치기현 나스시오바라那須塩原 소재의 시설로 피난을 갔지만, 올해(2012년) 1월 6일 끝내 세상을 떠났습니다. 현재 스도 씨는 남편의 죽음에 대해 재해 사망 인정을 신청해놓은 상태입니다.

네 명의 손자들 중 둘은 초등학교 4학년과 3학년이고, 여섯 살과 네 살인 나머지 두 손자는 어린이집에 다니고 있습니다.

스도 씨 가족은 원전 사고가 일어난 후 피난생활을 하며 니혼마쓰 시의 체육관, 그리고 후쿠시마 시 쓰치유土湯온천 등을 전전했습니다. 그리고 후쿠시마 시내 가설주택으로 옮겨온 후 느닷없이 큰며느리가 네 명의 손자들을 남겨두고 가출해 지금까지 돌아오지 않고 있습니다.

"피난소에서의 집단생활 때문에 정신적 부담이 컸던 것 아닐까요. 제 딸처럼 아끼던 며느리라 더 속이 상합니다. 원전 사고만 없었어도 집안 꼴이 이렇게까지는 되지 않았을 거라고 생각하면 정말 기가 막혀요."

좁디좁은 가설주택. 네 명의 손자가 뛰놀기라도 하면 수습할 길이 없다고 합니다.

◎ **소비세 증세로 심각한 타격**

"민주당, 자민당, 공명당…. 다들 TV에만 나오면 온갖 좋은 소리는 골라 하면서 가설주택에는 코빼기도 내비치지 않습니다. 한 번이라도 좋으니까 자기들도 여기서 좀 지내봤으면 좋겠어요. 뭐가 힘든지 직접 체험해보란 말이에요."

스도 씨도 아들도 일하던 회사가 조업을 할 수 없는 상태이다 보니 여태 실업자 신세입니다. 게다가 소비세 증세는 결국 이재민들에게 심각한 타격일 수밖에 없었습니다. "우리 손자들을 봐서라도 제발 증세를 취소해 줬으면 좋겠다"는 스도 씨.

원전 사고로 인해 고통스러운 생활에 내몰린 스도 씨는 말합니다.

"후쿠시마에서 살아가는 우리들의 입장에서 볼 때, 원전은 아무 짝에도 쓸모가 없습니다. 만약 어딘가에서 또 원전 사고가 일어난다면 일본은 정말 사람이 살 수 없는 곳이 되어버릴 거예요. 이런 견디기 힘든 고생을 경험하는 건 우리가 마지막이었으면 합니다."

일본공산당에 입당한 스도 씨는 동료들과 힘을 모아 원전 제로를 실현하고, 무엇보다 이웃에게 도움을 줄 수 있는 사람이 되고 싶다는 의지를 밝혔습니다.

_ *2012년 10월 10일 자*

원전 사고의 참극 전하겠다

전직 개호시설 물리치료사
사토 츠토무 씨

"많은 입소자 분들이 원전 사고로 돌아가셨습니다. 원전 사고 가 정말 증오스러워요."

동일본대지진과 도쿄전력 후쿠시마 제1원전 사고로 입소 자 등 38명이 사망·행방불명된 후쿠시마 현 미나미소마^{南相馬} 시 하라마치^{原町} 구의 개호노인시설 '욧시^{ョッシー}랜드'. 10명은 지진해일로 희생되었지만, 나머지는 원전 사고 피난 과정에 서, 혹은 피난처에서 충분한 구명·의료 조치를 받지 못해 희 생되었습니다.

◎ 용서할 수 없는 인재

이 시설의 물리치료사였던 사토 츠토무^{佐藤努} 씨(32세)는 1 년 7개월 전에 일어난 비극을 회고하며 "지진해일은 재해였지만 구조작업에 지장을 준 원전 사고는 인재人災였다. 용서해서는 안 될 일"이라고 말했습니다.

당시 시설에는 입소자와 데이 서비스day service 이용자 등 약 140명이 있었는데, 갑자기 지진이 일어나 데이 서비스 이용자들까지 모두 개호용 침대에 눕힌 채 주차장으로 이동할 수밖에 없었습니다.

한 시간 후 바다 쪽으로 눈을 돌리자 방풍림防風林에 물보라가 치솟으며 해일이 시설 쪽을 향해 몰려오는 것이 보였습니다.

사토 씨와 직원들은 해일에 휩쓸릴 위험을 무릅쓰고 주차장으로 대피시킨 이용자들을 근처에 있던 20~30미터 높이의

현재 와타리 병원에서 물리치료사로 일하고 있는 사토 츠토무 씨

돈대^{墩臺}로 피난시키기 위해 사력을 다했습니다. 그러나 스스로 움직일 수 없는 이용자들은 순식간에 해일에 휩쓸려 버렸습니다.

그 숨 막히던 상황에서 사토 씨는 휠체어를 탄 채 주차장에 남겨져 있던 이용자와 눈이 마주쳤습니다. 물길에 휩쓸리던 순간의 그 겁에 질린 얼굴이 지금도 뇌리에 새겨져 있다고 합니다. "평생 잊지 못할 겁니다."

천신만고 끝에 구출해 낸 이용자들을 협력병원과 근처 시설로 옮겼지만, 그곳들 역시 '욧시랜드'에서 피난해 온 이용자까지 신경 쓰기엔 역부족이었기에 사토 씨는 사람들을 로비에 대기시킬 수밖에 없었습니다. 엎친 데 덮친 격으로 뒤이어 일어난 원전 사고로 물류시스템이 마비되는 바람에 기저귀도 약품도 동이 나 버렸습니다. 그래서 필요한 치료가 이루어질 수 없었던 것입니다.

"원전 사고만 아니었어도 목숨을 건질 수 있었던 사람이 많았습니다. 후쿠시마 현 밖으로 피난을 갔다가 돌아가신 분도 계세요."

◎ 전쟁터 같았다

사토 씨는 지난해(2011년) 3월 31일 '욧시랜드'에서 해고되었습니다. 이 시설은 현재 해체 공사가 시작되었습니다.

"전쟁을 경험한 적 없는 세대지만 '욧시랜드'에서 일어난 일은 전쟁과 다름없는 상황이었다고 생각합니다." 사토 씨는 힘겹게 말을 이었습니다. "더 많은 사람을 구하지 못한 걸 평생 후회할 것 같아요. 그날 제 눈으로 직접 본 모든 일이 인재였다는 사실을 전하는 게 제 사명이라고 생각합니다."

사토 씨는 헬로 워크Hello Work(공공 직업 안정소)를 통해 얻은 정보로 올해(2012년) 4월 후쿠시마 의료생활협동조합 와타리わたり병원 재활센터에 취직할 수 있었습니다.

부모님들은 사토 씨에게 "후쿠시마 현 밖으로 피난을 가는 게 좋지 않겠느냐"고 이야기합니다. 하지만 사토 씨는 "재난 피해를 입은 사람들과 같은 마음, 같은 시선으로 일하고 싶다"면서 지금도 후쿠시마를 지키고 있습니다.

"이렇게까지 희생자들이 나왔으니 후쿠시마 원전은 폐로廢爐하는 게 맞지요. 그뿐만 아니라 다른 모든 원전들도 당연히 사라져야 합니다. 또 안타깝게 목숨을 잃은 분들을 위해서라도 앞으로 후쿠시마의 상황을 계속 주시하고 널리 전해야겠다고 생각합니다."

_ 2012년 10월 11일 자

벼농사 '포기하지 않겠다'

미나미소마 시 구 경계지역
네모토 코이치 씨

"나는 후쿠시마산 쌀이 일본 최고라고 자부하는 사람이야."
경계구역으로 설정되어 올해(2012년) 4월까지 사람들의 출입이 통제되었던 후쿠시마 현 미나미소마시 오다카小高 구. 이곳에서 유기농법으로 벼농사를 짓던 네모토 코이치根本洸一 씨(75세)는 다시 벼농사를 지을 수 있도록 방사선량이 줄어들기를 바라고 있습니다.

◎ 농군으로 살아온 반세기

"벼농사는 몇 년을 지어 봐도 늘 새로워. 언제나 또 다른 과제가 등장하거든."

네모토 씨는 400년 이상 이어져 내려온 농군 집안에서 자랐습니다. 고등학교에 가는 사람이 많지 않던 시절이었지만,

양미역취가 무성해진 논에
서 있는 네모토 코이치 씨
= 미나미소마 시

아홉 형제 모두 고등학교에 진학했습니다. 당시 "부모님의 기
대가 컸다"고 술회한 네모토 씨는 농업고등학교를 졸업한 후
18세 때부터 농사일을 해왔습니다.

반세기 이상 농업에 종사해 온 네모토 씨. 그는 벼농사의
특성에 대해 누구보다 잘 알고 있습니다. 그래서 1993년 미증
유의 냉해가 도호쿠 지방을 덮쳤을 당시 도호쿠 지방의 작황
지수crop-situation index(예상되는 작황을 평년에 비교해 나타낸 지수.
－옮긴이)가 56, 후쿠시마는 61이었지만, 네모토 씨는 큰 수량
변화 없이 수확을 할 수 있었습니다.

화학비료도 사용하지 않고 쌀겨, 짚, 콩과의 식물 등으로 만든 녹비緣肥를 이용해 토양을 관리했습니다. 친환경 · 친건강 벼농사를 지향해 온 것입니다.

"살면서 이렇게 고통스러웠던 적이 없어."

네모토 씨는 도쿄전력과 원전을 추진해온 정부에 격앙된 감정을 드러냈습니다.

"인생, 가족, 지역, 죄다 엉망진창이 되어버렸다고!"

네모토 씨의 논에서 검출된 방사선량은 올해(2012년) 4월 현재 토양 1킬로그램 당 3800베크렐. 공간선량은 0.6마이크로시버트. 무논의 한쪽을 이용해 시험 수확을 시도했지만, 미처 예상치 못한 원인들로 인해 실패로 끝났습니다.

높은 방사선량 때문에 자주 들러 관리할 수 없다 보니 멧돼지가 출몰해 논을 망쳐 놓아 수확량 부족으로 계측 자체가 불가능했던 것입니다.

네모토 씨는 "인위적으로 사람의 출입을 통제하니까 사람과 동물이 공생하던 지역 생태계의 균형이 깨져서 멧돼지가 제집 드나들듯 논에 나타나게 된 거야. 미처 예상 못한 일이었지"라며 안타까워했습니다.

◎ **시험 수확이 가능해지는 날까지**

기반 정비가 순조롭게 진행되면서 조금씩 희망이 보이기

시작할 무렵, 방사선 피해로 오염되어 버린 네모토 씨의 농지에는 어느새 사람 키 높이의 양미역취가 무성합니다.

"기계를 이용하면 여든 넘어서도 농사일을 할 수 있다고. 포기하면 안 되지."

네모토 씨는 일단 논을 갈아엎는 등 방사선량을 줄이기 위한 여러 가지 시도를 하고 나서"내년에도 다시 시험 재배를 해 볼 것"이라며 의지를 보였습니다. "시험 수확이 가능해지면 정말 좋겠어."

쌀의 고장 후쿠시마를 망쳐 놓은 도쿄전력과 일본 정부.

"그런데도 정부는 아직 원전을 재가동한다면서 고집을 부리고 있지. 원전 수출도 포기하지 않았고. 대체 어디를 보고 정치를 하는 거야? 방향이 틀려먹었잖아. '즉시 원전 제로'로 가야 맞는 거지."

_ 2012년 10월 12일 자

덤으로 얻은 목숨,
다음 세대를 위해

미나미소마 시
아이하라 마나부 씨

"3.11 이후 후쿠시마는 최악의 역사를 경험하고 있습니다. 다음 세대들에게 이런 고통을 물려주고 싶지 않아요. 그러니까 지금 확실하게 목소리를 높여야죠."

후쿠시마 현 미나미소마 시의 아이하라 마나부愛原学 씨(68세)는 동일본대지진과 도쿄전력 후쿠시마 제1원전 사고로 아내와 장녀를 잃었습니다. 그로부터 1년 8개월. 작은딸과 둘이 살고 있는 그는 "어차피 덤으로 얻은 목숨, 숨죽이고 엎드려 있을 수만은 없다"며 일본공산당에 입당했습니다. 작은딸도 "아버지의 선택이라면 틀림없을 것"이라며 뒤따랐습니다.

◎ 부녀가 함께 입당

아이하라 씨는 지난해(2011년) 3월 11일 '생활과 건강을 지키는 모임' 회원들과 함께 소마세무서에 단체 신고를 하던 중 대지진을 맞았습니다. 카이바마萱浜 해안으로부터 1.5킬로미터 정도 떨어져 있던 자택은 욕실과 골조만을 남기고 해일에 휩쓸려 버렸습니다. 그리고 3월 25일 행방불명 상태이던 아내(당시 68세)와 장녀(당시 43세)가 발견되었습니다.

싸늘한 시신이 되어 돌아온 두 사람을 앞에 두고 오열했던 아이하라 씨. "원전 사고만 없었다면 더 빨리 발견할 수 있었을 텐데"라며 분노를 감추지 못합니다. 원전 사고 후 자택 주변은 출입금지 구역으로 지정되었습니다. 그래서 수색을 진행할 수 없었던 것입니다. 아이하라 씨는 그때 "자연재해와는 차원이 다른 원전 사고의 무서움을 실감했다"고 합니다.

◎ 견해가 바뀌다

아이하라 씨는 지난해 7월 뇌경색으로 쓰려져 병원에서 꼬박 두 달을 지냈습니다. 퇴원 후 가설주택에서 살다 우울증도 얻었습니다.

그렇게 꼬리에 꼬리를 무는 고통에 몸부림치던 아이하라 씨에게 일본공산당 소속 아라키 치에코荒木千恵子 미나미소마 시의원 등이 손을 내밀었습니다. 그들은 지진 피해로 혼란에 휩싸여 있던 미나미소마 시에서 아이하라 씨가 치료받을 수 있는 병원을 확보해 주는가 하면, 퇴원 후 생활 재건과 관련해서도 자기 일처럼 발 벗고 나서 도왔습니다.

"한때 공산당을 오해한 적도 있다"던 아이하라 씨. 하지만 지금은 "고통스러운 시대에 우리의 입장에서 목소리를 높여 주는 정당"이라며 달라진 견해를 피력합니다.

아이하라 씨의 집안은 대대로 농사를 지어왔습니다. 초등학교에 다니던 무렵에는 벼농사 이외에 양잠도 했다고 합니다. 누에치기는 뽕나무의 새싹과 다자란 잎의 배합이 생명입니다. '할아버지밖에 할 수 없는' 작업이었다고 합니다. 그리

아이하라 마나부 씨(가운데)와 일본공산당 소속 아라키 치에코 미나미소마
시의원(오른쪽), 왼쪽은 아라키 시의원의 남편

고 중요한 것이 온도 관리입니다. 실온을 항상 25도에서 26도 사이로 유지해야 합니다. 그래서 외풍이 스며드는 헛간에 연탄을 때 온도를 높였다고 합니다. "관리에 실패하면 하룻밤 사이에 누에가 전부 죽어버렸지. 곰팡이 때문이었어."

하지만 아내, 장녀 등과 함께 논농사를 지으며 살아온 농군 아이하라 씨는 결국 이농離農을 결심했습니다. "바닷물이 흘러든 데다 방사능에까지 오염되었으니 돈을 들여 설비를 할 수 있다손 치더라도 수지가 맞질 않아. 이제 그만 내 나이에 맞게 살까 봐."

◎ **정치를 바꾼다**

아이하라 씨는 취미교실에서 사람들에게 블로우 다트blow dart와 페탕크petanqu를 가르치고 있습니다.

블로우 다트는 8미터 거리에서 중심점 7센티미터 정도의 과녁을 향해 바람총(대나무 등으로 만든 긴 통 속에 화살을 넣어 입으로 불어 쏘는 총. — 옮긴이)을 쏘는 경기로 집중력과 호흡법이 승패를 가릅니다. 올해(2012년) 5월 심박 조율기pacemaker 시술을 받은 아이하라 씨는 도쿄체육관에서 열린 전국 장애인 블로우 다트 대회에도 참가, 8미터 부문에서 102점을 획득해 11위에 입상하는 성적을 거뒀습니다.

페탕크는 나무로 만든 작은 공을 향해 금속으로 만든 공을 던지며 겨루는 구기로 '다리를 모으다'라는 의미의 프랑스어가 어원입니다. 아이하라 씨는 "살면서 단 1초라도 즐거움을 느끼는 것이 중요하다"며 노인회 등에서 페탕크 코치를 맡고 있습니다.

"도쿄전력은 (원전이) 안전한 그린에너지라는 거짓말을 해 왔습니다. 언어도단이지요. 그런데 이런 일이 일어났으니, 이제는 후쿠시마에 살고 있는 우리가 목소리를 높여야 합니다. 정치를 바꾸는 일에 힘을 보태고 싶어요." 아이하라 씨의 말에 결의가 묻어 나왔습니다.

_ 2012년 11월 11일 자

고향으로 돌아가는 날까지
피난민에게 제철 채소를

낙농인
사사키 토모코 씨

"신선한 계절 채소가 얼마나 고마운지 몰라요. 게다가 우리들의 고민에도 귀를 기울여 주니 부처님이 따로 없습니다."

후쿠시마 시내에서 20여 마리의 젖소를 키우는 낙농인 사사키 토모코佐々木智子 씨(72세)는 동일본대지진과 도쿄전력 후쿠시마 제1원전 사고 이재민들이 거주하는 가설주택에 직접 가꾼 채소와 복숭아 등의 청과물을 무상 지원하고 있습니다.

사사키 씨가 살고 있는 후쿠시마 시 서부지구에는 '사하라', '사쿠라佐倉', '시노부다이しのぶ台' 등 세 군데의 가설주택이 있습니다. 나미에마치와 후타바마치에서 피난해 온 사람들이 거주하는 곳입니다.

사사키 씨는 말합니다.

"지금껏 그저 남편(겐조 씨, 농민운동전국연합회 전 회장)의 활동을 지원하는 게 사회에 도움을 주는 일이라 생각해 왔습니다. 그런데 3.11 원전 사고를 기점으로 저도 직접 발 벗고 나서야겠다고 생각하게 됐어요."

원전 사고는 사사키 씨가 '약자 입장에 선 사람들 곁에서 살아가고 싶다'는 생각으로 보다 적극적인 구조 · 부흥 활동에 뛰어든 계기가 되었습니다.

"직접 가꾼 채소나 과일은 제 판단에 따라 자유롭게 쓸 수가 있잖아요. 조금만 분발하면 얼마든지 마련할 수 있고. 청과물을 수확하면 공산당 지부 사람들과 수레로 실어다 가설주택에서 지내시는 분들께 나눠드리고 있습니다."

사사키 씨는 '마음을 전하는 것이 중요하다'는 생각으로 철마다 수확한 잎채소, 양배추, 강낭콩, 여름 채소, 무, 호박, 풋콩 등을 가져갑니다.

◎ **지원활동의 원점**

사사키 씨가 일본공산당에 입당한 것은 23살 무렵입니다.

"국민의 고난을 함께 나눈다는 창당 정신을 제 나름대로 이해하여 실천하고 있습니다." 오늘날 사사키 씨가 하고 있는 지원활동의 원점입니다.

겸업농가의 여섯 형제 중 셋째, 딸로서는 둘째로 태어난 사사키 씨는 고등학교를 졸업하고부터 농협에서 일했습니다.

"청년단 활동을 하다 겐조 씨를 만나 결혼했습니다. 처음에는 벼농사와 양잠을 했는데, 겐조 씨가 소를 좋아해 송아지 한 마리를 기르기 시작한 것이 낙농업을 하게 된 계기예요. 숫자가 마흔 몇 마리 정도로 늘어난 적도 있었어요."

이 일을 계기로 23년 전부터 '밀크 프렌드'를 창업, 63도에서 30분 동안 저온 살균해 단백질 변성protein denaturation을 시키지 않고 보다 원유에 가까운 상태로 만든 900밀리리터 병 우유를 배달하는 사업을 시작했습니다. 이 우유는 120도에서

채소를 가꾸고 있는
사사키 토모코 씨

2초간 살균하는 과정을 거쳐 생산되는 단백질 변성이 심한 시중 우유와 차별화된 맛이 특징입니다.

한때 후쿠시마 시내의 소비자 1000가구에 배달할 만큼 성장한 적도 있습니다. 바로 그때 후쿠시마 원전 사고가 일어난 것입니다. "40일 동안 출하가 중단되었습니다. 상황이 해제된 후에도 매상의 3할 정도가 회복되지 않고 있어요." 40일간 우유를 짜내지 못해 젖소들에게도 부담이 되었기 때문에 회복에는 적지 않은 시간이 소요될 것이라고 합니다.

방사능 검사 결과를 공표해 소비자들에게 안전하게, 안심하고 먹을 수 있는 우유를 공급하고 있는 사사키 씨. "지난 20년간 우리 우유를 드셨던 소비자들이 사고 이전과 다름없이 주문을 해주고 계십니다. 일부러 직접 방문해 구매하시는 분도 계세요"라며 자신감을 내비칩니다.

◎ **농업재생과 배상**

가설주택의 피난생활을 지켜봐 온 사사키 씨는 이재민 지원을 자신의 사명으로 생각하고 있습니다. "가족이 뿔뿔이 흩어지거나 정신적으로 고통받는 이재민들을 숱하게 봐 왔습니다. 고향인 나미에마치, 그리고 후타바마치로 돌아갈 때까지 '같은 지역 주민으로서 함께 산다'는 생각을 갖고 계속 지원하고 싶어요."

사사키 씨는 또한 "정부와 도쿄전력은 원전 사고의 심각성을 알고 있었습니다. 그럼에도 (위험을) 지적하는 목소리에 귀를 기울이지 않았던 거지요. 그들은 후쿠시마 농업의 완전한 재생과 배상에 대해 책임져야 합니다"라며 결국 생업 소송의 원고로 참여하게 되었습니다.

_ 2012년 11월 20일 자

전쟁과 원전, 고난을 넘어

후타바마치에서 후쿠시마 시로 피난한
다카다 구니오 씨

도쿄전력 후쿠시마 제1원전 사고로 후쿠시마 현 후타바마치에서 후쿠시마 시내의 사쿠라 응급가설주택으로 피난한 다카다 구니오高田国男 씨(85세). "그때보다도 심하다"며 피난생활의 혹독함을 증언합니다.

여기서 '그때'란 전쟁을 말하는 것입니다. 태평양전쟁이 끝나던 당시 다카다 씨의 나이는 19세. "전쟁이 1년만 더 계속됐더라면 징집되었을 것"이라고 합니다.

◎ 1인용 참호를 만들던 기억

항공병이었던 숙부가 전사한 후, 후타바마치에 해안 방위대가 조직되고 '1인용 참호를 만들라'는 명령이 내려왔다고 합니다.

피난생활이 '전쟁 체험보다도
괴롭다'고 이야기하는
다카다 구니오 씨
= 후쿠시마 시 응급가설주택에서

조선소에서 '달마선(폭이 넓은 목조 너벅선)'을 만드는 작업
을 하던 다카다 씨. 1945년 8월 7일 폭격을 경험했습니다. 센
다이 방면이 온통 불길에 휩싸였다고 합니다. "두 번 다시 전
쟁이 일어나선 안 돼." 다카다 씨는 당시의 일들을 고통스럽게
회상하며 말을 이었습니다. "아베 씨(총리)가 헌법 개정 운운하
지만 결국 국민들만 상처받을 뿐이지. 우리가 있어야 나라가
있는 거잖아. 국방군 따위를 만들겠다면서 떠드는 건 정말 심
각한 문제라고."

전쟁 때문에 그토록 힘든 시간들을 경험한 다카다 씨에게

도 1년 10개월이 넘는 피난생활은 결코 만만한 일이 아니었습니다.

다카다 씨는 후쿠시마 제1원전에서 5킬로미터, 해안으로부터 약 5킬로미터 떨어져 있는 자택에서 대지진을 맞닥뜨렸습니다. 당시 해안가의 소나무가 뿌리가 뽑힌 채 떠내려 왔습니다. 다카다 씨는 '관공서에서 보내준 버스'를 타고 쓰시마津島로 피난한 후 가와마타마치川俣町, 센다이, 도쿄 등을 전전하다 2012년 4월 후쿠시마 시내 사쿠라 응급가설주택으로 오게 되었습니다. 혼자 산 지는 15년이 되었습니다.

"워낙 정신이 없다 보니 처음에는 그렇게 피난을 다니는 이유가 원전 사고 때문이라는 것도 몰랐어."

◎ **"이건 범죄야"**

다카다 씨는 가설주택 생활이 "좁은 공간에 갇혀 있는 게 꼭 유치장에 있는 느낌"이라고 합니다. "하루라도 빨리 내 집으로 돌아가고 싶어."

후타바마치에 약 3천 제곱미터 넓이의 논과 산림을 소유하고 있는 다카다 씨는 연금을 받아 자급생활을 했습니다. "가설주택에 오니까 채소 가꾸기는 고사하고 할 수 있는 일이 아무것도 없어. 후타바에 돌아가 편안히 눈을 감을 수 있으면 좋겠는데."

원전 사고가 인재였다고 생각하는 다카다 씨는 말합니다. "하도 '안전하다'고 떠들어 대니까 사람들이 그 말만 믿고 원전을 유치했거든. 그런데 이게 현실과는 완전히 다른 소리였던 거야. 결국 지금 온 동네가 피난을 오게 되었잖아. 이런 사태가 일어날 줄 누가 알았겠냐고. 이게 범죄 아니고 뭐냔 말야. '사람은 어떻게든 살게 되어 있다'고들 하지만, 가설주택에 오고 나서만 벌써 세 사람이나 죽었어. 하긴, 이런 데서 제 명대로 살아도 이상하지. 범죄야, 범죄."

3년 정도는 버텨서 어떻게든 후타바마치로 돌아가고 싶다는 다카다 씨. "완전배상이 이뤄져야 해. 후타바마치에 살 수 있게 될 때까지, 동네가 다시 재건될 때까지 말이야."

_ *2013년 1월 21일 자*

료젠에 방사능이 웬 말인가

향토사가

칸노 이에히로 씨

후쿠시마 현 다테^{伊達} 시와 소마 시의 경계지역에 자리 잡은 해발 825미터의 '료젠^{靈山}'. 향토사가이자 료젠의 안내인으로 일하며 후쿠시마 시내에 거주중인 칸노 이에히로^{菅野家弘} 씨(70세)는 "고향의 산, 이 고고한 바위산은 사람들과 더불어 살아온 온 역사를 가지고 있습니다. 즉, 산에 사람 냄새가 배어 있다는 것이죠"라고 말합니다.

료젠마치^{靈山町}, 바로 지금의 다테 시는 칸노 씨의 생가가 있는 곳입니다. 그리고 료젠은 정부의 사적명승^{事跡名勝}, 일본백경^{日本百景}에 지정되어 연간 수만 명의 관광객이 찾아오는 단풍의 명소였지만, 도쿄전력 후쿠시마 제1원전 사고 이후 그 숫자가 급격히 줄어든 상황입니다.

◎ 치욕스런 기억, 남겨야 한다

잡지 《료젠》의 편집에도 관여하고 있는 칸노 씨. 그는 《료젠》 20호에 원전으로 유린당한 료젠마치 사람들의 현주소를 기록할 생각입니다. "기록으로 남겨놓지 않으면 지역의 역사가 사라져버릴 것"이므로 '3. 11' 이후 체험한 생활의 기록들을 모아 특집을 구성할 예정이라고 합니다.

칸노 씨는 "안 그래도 작은 마을이 원전 사고로 더 작아질까봐" 위기감을 느끼고 있습니다. 소문 때문에 팔리지 않는 쌀과 기준치를 넘는 방사성 물질이 검출된 표고버섯, 2년째 출하

칸노 이에히로 씨

를 못하고 있는 곶감…. 기록 작업은 '원전 절대 반대와 탈원전 쟁취'를 위해 기획되었습니다.

대지진, 원전 등으로부터 피난해 온 사람들의 고통을 가까이에서 지켜본 칸노 씨. 현재 딸이 "후쿠시마에서 아이를 낳고 싶다"며 후쿠시마의 집에 돌아와 있습니다. 더러 가족의 식사를 준비하기도 하는 칸노 씨는 "후쿠시마산 식재료를 쓰는 것이 불안하다"고 합니다. 방사선량이 낮다고는 하나 장기간 피폭이 이루어질 경우 아이들에게 어떤 영향을 미칠지 아직 해명되지 않은 상태이기 때문입니다.

그는 "현재는 미래로 가는 과정이라고들 하지만, 지금 알고 있는 것을 정리해 놓는 것은 그 세대의 책임"이며, "손자들을 위해서라도 방사능에서 해방된 개운한 기분으로 식사를 할 수 있으면 좋겠다"면서 '원전 제로'를 위해 지금 무슨 일을 할 수 있을지에 대해 고민하고 있습니다.

◎ 세 가지 사건의 교훈

칸노 씨에 따르면 후쿠시마에는 일본 근현대사에 등장하는 세 가지 사건이 있다고 합니다. 첫 번째는 1882년 자유민권운동과 관련한 최초의 탄압사건인 후쿠시마 사건입니다. 두 번째는 1949년 도호쿠혼센東北本線 마쓰카와松川역 근처에서 열차가 전복된 것을 두고 권력자들이 모함하여 노조활동가 20

명이 기소된 마쓰카와 사건. 물론 이후 이 재판이 국민적 법정 투쟁으로 발전하면서 기소된 활동가들은 모두 억울한 누명을 벗을 수 있었습니다. 그리고 세 번째가 지금 직면한 후쿠시마 제1원전 사고라는 인재입니다.

"세 사건을 같은 선상에 놓고 비교할 수야 없겠죠. 하지만 분명한 건 후쿠시마 사람들이 현재 거대한 역사의 한가운데에 있다는 사실입니다. 후쿠시마야말로 '원전 제로'의 신호를 발신할 수 있고, 또한 그렇게 해야 하는 곳이지요. 이렇게 실로 명예로운 땅 위에 우리는 서 있는 것입니다."

_ 2013년 1월 26일 자

'무농약'을 시작한 참이었는데

한평생 벼농사로 살아온
이도가와 칸 씨

후쿠시마 나미에마치에서 후쿠시마 시 사하라 응급가설주택
으로 피난 와 살고 있는 이도가와 칸井戸川貫 씨(88세)는 약 2만
제곱미터의 논을 경작하던 농가의 가장이었습니다.

이도가와 씨는 "그중 3분의 1 정도 면적에 무농약 오리농
법을 시작해서 막 좋은 평판을 얻기 시작하던 참이었다"고
2011년 3월 도쿄전력 후쿠시마 제1원전 사고 당시를 술회했
습니다.

이도가와 씨는 집에 있다가 대지진을 만났습니다. 그리고
3월 11일 밤 연락을 받고 다음날 아침 나미에마치의 쓰시마로
피난을 갔습니다. "사흘 동안 쓰시마에 있었어요. 그런데 나
중에 알게 된 사실이지만 그곳이 가장 방사선량이 높은 곳이
었더라고요."

◎ 담요 두 장을 지급받다

"후쿠시마 시내 아즈마ぁづま체육공원 종합체육관으로 이동했어요. 담요 두 장을 주더군요. 추웠어요. 식사는 주먹밥 한두 덩이로 해결했고요. 그러다 아들이 걱정해서 도쿄에 있는 딸아이 집으로 가게 되었습니다."

그리고 같은 해 9월 말, 후쿠시마 시내 구 사하라초등학교 자리에 가설주택이 완성되어 그곳으로 거처를 옮기게 되었습니다. 아즈마吾妻봉 근처 해발 213미터 지역. 연안부인 나미에마치보다 추운 곳이었습니다.

이도가와 씨는 "가설주택에서 죽고 싶지 않다"고 합니다. "여기 오고 나서 몇 사람이 죽었습니다. 알고 지내던 맘씨 좋은 할머니도 그중 하나였고요."

가설주택 생활의 스트레스 때문에 혈압이 자주 오르고 감기에도 자주 걸려 결국 치료 중이던 지병이 재발했다고 합니다. 잠시 집에 다녀온 날을 떠올리면서는 "잡초가 말도 못하게 자라 있더라고. 밭에 버드나무가 자라고 있었으니 말 다한 거 아녜요"라며 한숨을 쉬었습니다.

◎ 냉해보다 심각한 피해

"1993년 도호쿠 지방에 냉해가 들이닥쳤을 때도 천 제곱미터당 두세 섬은 수확을 할 수 있었어요. 지금은 아예 모내기 자

가설주택 생활에 대해 이야기하는 이도가와 칸 씨

체를 할 수 없으니 수확도 제로입니다. 무참한 상황인 거죠."

나미에마치에 이도가와 씨와 동세대인 80대 고령자는 모두 2245명(2012년 12월 말 현재)으로 다들 전쟁 체험자입니다. "군대에 끌려가 1년간 복역했습니다. 고참병들에게 얻어맞는 일이 일상다반사였어요. 12명이 한 분대였는데, 한 사람이라도 실수를 하면 연대책임이라면서 다 같이 구타했습니다. 끔찍했지요."

이도가와 씨의 소속부대는 막 전쟁이 끝나려던 찰나 후쿠시마 현 내에 주둔했던 3375부대입니다. "아이즈와카마쓰会津若松에 있었습니다. 경비 임무로 도쿄에 가기도 했고요. 미 해군기가 군수공장을 폭격해서 근로봉사대 여학생이 죽었을 땐 너무 슬펐어요. 졸병인 내가 할 수 있는 일이란 아무것도 없었으니까." 이도가와 씨가 힘겹게 말을 이었습니다. "하지만 전쟁 때야 우리 업보였잖아. 원전 사고로 방사능에 내몰리는 지금이 더 끔찍해요." 그리고 피난생활의 비참함을 다시 한 번 강조했습니다. "원전 사고만 안 터졌으면 오래 살았을 사람도 있어요. 제 명대로 살지 못한 거지."

이도가와 씨는 오쿠마마치大熊町와 후타바마치 등 후쿠시마 현 연안부에 원전을 세운다는 말이 있었을 당시 "반대운동을 한 사람이 있었는데, 그 사람 말이 맞았다"면서 탄식했습니다.

"원전은 다 폐로해야 해요. 이보다 위험한 게 없다는 것을 몸으로 실감했습니다. 재가동 따위 말도 안 되지요. 자연에너지로 전환해야 합니다. 아직 배상도 제대로 이루어지지 않고 있는데, 더 이상 벼농사를 지을 수 없다면 밭도 산림도 전부 매입해 줬으면 좋겠어요."

_ 2013년 1월 28일 자

가설주택에서 이어진
'천잠의 꿈'

나미에마치에서 피난해 온
스즈키 시즈코 씨

후쿠시마 현 나미에마치에 살던 스즈키 시즈코鈴木静子(76세) 씨는 대지진과 도쿄전력 후쿠시마 제1원전 사고 후 방사능에 쫓겨 입고 있던 옷조차 갈아입지 못한 채 후쿠시마 현 이곳저곳을 전전하다 지금은 니혼마쓰의 가설주택에서 피난생활을 하고 있습니다. 사고 후 1년 11개월이 지났지만 나미에마치로 돌아갈 전망은 전혀 보이지 않고 있습니다.

"좁아터진 곳에 갇혀 지낸 제 인생 최악의 1년 11개월이었습니다." 스즈키 씨는 분노에 찬 어조로 운을 떼었습니다.

◎ **'절대 안전'은 없다**

"사람이 하는 일에 '절대 안전'이라는 게 있을 수 있나요.

생각할수록 화가 나요. 그래서 제가 애초부터 원전 건설에 반대했던 겁니다." 쓴웃음을 짓는 스즈키 씨. 어린 시절 히로시마에서 경험한 원폭의 공포가 아직도 잊히지 않는다고 합니다. 그래서 늘 "그런 무서운 것은 나미에에 필요없다"고 생각해 왔습니다.

나미에마치에 있는 후쿠시마 현 간호협회 부설 간호스테이션의 소장을 지내면서, 천잠天蠶 사육을 해 온 스즈키 씨. 현재 피난소에서도 "상황이 허락하는 한 내가 할 수 있는 일을 하고, 무엇보다 긍정적으로 생각하고 싶어서" 천잠의 꿈을 이어가고 있습니다. 신비로운 천잠의 매력을 사람들에게 선보여온 20년 경험으로 가설주택 부지에 직접 수원樹園을 조성해 천잠 사육을 하고 있는 것입니다.

천잠은 일본산 대형 야생 누에의 일종으로 상수리나무, 졸참나무, 육지꽃버들 등의 잎을 먹으며 알 → 유충 → 번데기 → 성충으로 변태하며 생식합니다. 부화한 후 50~60일 정도가 되면 고치를 짓습니다. 한 개의 고치에서 뽑아낼 수 있는 실의 양은 600~700미터 정도. 연둣빛의 아름다운 견사는 '섬유의 다이아몬드'라 칭송받을 만큼 희소가치가 있는 최고급품입니다.

또한 천잠 누에에서 얻을 수 있는 피브로인fibroin은 18종류의 아미노산으로 구성되어 있습니다. 자외선 방지 효과와 보온 효과가 높아 화장품의 원료가 되기도 합니다. 천잠 누에에

천잠을 손에 든 스즈키 시즈코 씨

서 피브로인을 제조하는 기술은 후쿠시마 잠업시험장이 개발,
특허권을 취득한 상태입니다. '산신山神의 선물'이라 불리는 누
에는 개당 130엔에서 150엔의 가격이 매겨져 출하조합으로
넘겨집니다.

나미에마치에서 지내던 시절 스즈키 씨는 상수리나무, 졸
참나무 등으로 가로 5미터 세로 12미터 크기의 수원을 조성하
는 한편, 나무의 높이가 사람 키 높이가 되도록 가지를 치고 1
구획당 70그루씩 도합 600그루의 나무숲을 조성해 천잠을 사
육해 왔습니다. 새나 개구리, 개미 등 천적이 많아 방제용 네트
도 설치했었습니다.

◎ 천잠으로 위안을 받으며

나미에마치에서는 1만 개에서 2만 개에 이르는 알을 길렀습니다. "천잠을 하다 보면 스트레스가 사라진다"는 스즈키 씨. "인간다운 생활을 위해 자연친화적인 환경이 조성되면 좋겠어요. 원전을 폐로하고 원자력에 의지하지 않는 다른 에너지를 생각해야 할 때입니다"라며 힘주어 말했습니다.

_ *2013년 2월 18일 자*

동료들을 만나 길이 열렸다

후쿠시마 금요행동에 참가한
오하시 사오리 씨

후쿠시마 시내에 사는 오하시 사오리大橋沙織 씨(21세)는 원전 제로를 호소하는 후쿠시마 금요행동(시내 광장)에 참가하던 중 일본공산당에 입당하게 되었습니다. "후쿠시마에 사는 한 사람으로서 즉각적인 원전 제로를 국민적 다수의견으로 확대시키고 싶다"는 생각 때문이었습니다.

◎ 청년 대집회에서

지난해 11월 4일 '후쿠시마의 현재를 알고 앞으로의 일본을 생각하자'는 취지로 후쿠시마 시내에서 열린 '꺼림칙함을 날려버리는 후쿠시마 청년 대집회'에 참석한 이후부터 '금요행동'에도 참여하게 되었다는 오하시 씨.

대지진과 도쿄전력 후쿠시마 제1원전 사고는 싼 급여와 장

시간 노동에 시달리며 심신이 황폐화되던 청년들에게 가해진 결정타였습니다. 오하시 씨가 전문대를 졸업한 후 다니던 직장은 자동차 부품 제조회사. 서비스 잔업(잔업수당을 지급하지 않는 잔업.-옮긴이)이 워낙 많았던 데다 연수도 충분히 받지 못한 상태에서 '즉각적인 실무투입'을 요구받았습니다.

구인표에는 분명 3개월의 연수기간이 주어진다고 되어 있었지만, 막상 입사하고 보니 고작 보름 정도 연수를 받고 곧장 홀로서기를 해야 했습니다. 부담감 때문에 잠 못 이루는 날들이 이어졌고, 끝내 건강이 상한 오하시 씨는 퇴직을 선택할 수밖에 없었습니다.

이후 헬로워크에 다니다 일본민주청년동맹(민청) 사람들을 만났고, "청년들에게 고통을 주는 정치의 흐름을 청년들의 바

'즉시 원전 제로'를 향한 열망을 전하고 싶다는 오하시 사오리 씨

람을 이루어주는 방향으로 바꾸어 보지 않겠느냐"는 말과 함께 대집회 참가를 권유받았습니다.

당시 오하시 씨는 날마다 '후쿠시마에 이대로 머물러 있을까, 아니면 다른 지역으로 피난을 갈까'를 놓고 갈등을 거듭하고 있었습니다. 높은 방사선량이 장래에 어떤 영향을 줄 것인지에 대해서도 불안했고, "아이를 낳게 될 때 영향이 나타나면 어떻게 하지. 10년 후, 20년 후에도 정말 괜찮을까"도 고민이었습니다.

◎ 저항감도 있었지만

"원전을 멈춰도 전기는 충분하다", "즉시 원전 제로", "소비세 증세 반대", "대기업이 쌓아놓은 사내 유보금을 임금인상에 할애해 사람답게 일할 수 있는 직장을" 등 오하시 씨의 입장에서 민청과 일본공산당의 주장은 어느 것 하나 공감 가지 않는 것이 없었습니다.

'함께 고민하고 행동하는' 동료들과의 만남은 홀로 고민하던 오하시 씨에게 길을 열어주었습니다. 오하시 씨는 자신의 이야기를 진지하게 들어주는 동료들에 대해 '인간적인 매력을 가진 사람들'이라고 평합니다.

하지만 그런 한편으로 사람들 앞에 서는 퍼포먼스나 퍼레이드에 참가하는 일이 처음에는 "부끄럽기도 하고 저항감도 있었다"고 합니다. 하지만 "'즉시 원전 제로'를 향한 열망을 전하지 않으면 상황은 아무것도 달라지지 않는다"는 확신 때문에 그런 마음을 극복할 수 있었습니다. 그래서 지금도 "(금요행동을) 오랫동안 이어가고 싶다"고 생각합니다. 가설주택에서 피난생활 중인 사람들에 대한 자원봉사활동 등 지금껏 해보지 못한 체험들도 거듭되었습니다.

"원전 사고의 상황과 주민들의 생활에 대해 올바른 정보를 전해야겠다는 책임감을 느낀다"는 오하시 씨. 2월 하순부터는 일본공산당 후쿠시마 현의원단에서 일할 예정이라고 합니다. "일본공산당에 대해 더욱 깊이 공부하고 싶다"는 생각 때문입니다. 오하시 씨는 "후쿠시마 현정에 대해 공부해 두지 않으면 업무 대응을 제대로 하지 못할 테니 일단 일을 하면서 공부도 병행할 것"이라는 포부를 밝히며 말을 맺었습니다.

_ 2013년 2월 21일 자

완전한 폐로가 이뤄지기 전까지는

전직 원전 노동자
후쿠다 카즈마사 씨

"완전히 폐로하기 전까지는 아무래도 불안하죠." 후쿠시마 시내 가설주택에서 만난 후쿠다 카즈마사福田和政 씨(가명)의 말입니다. 그는 후쿠시마 현 나미에마치에 살면서 이십 년 이상 도쿄전력 후쿠시마 제1원전의 노동자로 일했습니다.

2년 전 '3.11' 당일, 후쿠다 씨는 원자로 격납용기 아랫부분 압력제어실 서프레션 체임버suppression chamber에서 작업을 하고 있었습니다.

후쿠다 씨가 작업 과정에서 나온 쓰레기를 원자로 건물 밖으로 내놓기 위해 계단을 올라가려 할 때였습니다.

"서 있기 힘들 정도로 진동이 심해서 그대로 바닥에 주저앉아 버렸습니다."

함께 작업하던 동료들의 안전을 확인한 후 서프레션 체임

버를 나와 방사능 방호복을 벗고 원자로 건물 밖으로 나왔습니다. "정기 검사 당시 1000명 가까운 작업원이 일하고 있었다"고 합니다.

◎ **주먹밥 한 덩이**

원전에서 5~6킬로미터 정도 떨어진 자택을 향해 걷던 후쿠다 씨는 고지대에 자리 잡고 있는 공원에서 가족들과 만날 수 있었습니다. 해안과 가까운 후쿠다 씨의 집은 이미 해일에 흔적도 없이 쓸려가 버린 후였습니다.

일단 주민센터 근처 '선샤인 나미에'로 피난했다가 그 후 쓰시마초등학교로 옮겼습니다. 후쿠다 씨는 "입고 있던 옷도 갈아입지 못한 상태에서 피난을 갔고, 작은 주먹밥 한 덩어리 밖에 배급되지 않았다"고 당시를 떠올렸습니다. 그렇게 동네 전체가 경계지역으로 설정되고 모든 주민이 피난을 떠나게 되었습니다.

"앞으로 어떻게 될까 하는 불안감은 2년이 지난 지금에도 변함이 없다"는 후쿠다 씨. 나미에마치는 4월부터 연간 누적 방사선량이 50밀리시버트를 넘는 '귀가 곤란 구역'(쓰시마 등 13개 구역), 20밀리시버트 이상 50밀리시버트 이하의 '거주 제한 구역'(가와조에 등 10개 구역), 20밀리시버트 이하의 '피난 지시 해제 준비 구역'(곤겐도 등 10개 구역) 등 세 개 구역으로 재편되었습니다. 이곳 인구 중 8할이 '귀가 곤란'과 '거주 제한' 구역에 살던 사람들입니다.

후쿠다 씨가 살던 지역은 '피난 지시 해제 준비 구역'이 되었습니다. "제염과 상수도 등의 라이프라인lifeline이 복구되고 병원, 학교, 시장 등 주민들의 생활을 유지할 최소한의 인프라가 정비될 수 있을 것인지" 불안한 마음을 감출 수 없습니다. 그런데도 도쿄전력은 재편된 구역에 따라 배상액을 차등 지급하려 하고 있습니다. 사람들 사이에 선을 그어 분열을 획책할 생각인 것입니다.

후쿠다 씨는 말합니다. "현재 일자리를 구하지 못한 상황이고, 몇 년 후 목표대로 집에 돌아가더라도 제 나이가 예순을 넘어버립니다. 직업을 구하기 힘들어지겠지요. 무엇보다 배상금이 끊어진다면 생활 재건의 전망 자체가 요원해져요."

◎ **행정당국이 나서야**

나미에마치는 부흥 계획의 일환으로 주민들이 복귀할 때까지 '마을 밖 커뮤니티', 이른바 '가상 마을'을 유지한다는 구상을 내놓고 있습니다.

"그렇다고 '마을 밖 커뮤니티'를 위한 토지가 확보된 것도 아닙니다. 젊은이들이 돌아올 수 있는 마을을 만들지 못하면 희망이 없어요. 부흥과 관련된 진척사항을 세세한 것까지 주

민들에게 알려주었으면 합니다. 행정당국이 일시적인 위안을
위해 적당한 이야기를 둘러댈 것이 아니라 반드시 나미에로
돌아간다는 각오로 매사에 임해 주었으면 해요."

_ 2013년 3월 9일 자

'부자선'을 꿈꾸었건만

후쿠시마 · 미나미소마 시
어부 마키타 토요미 씨

"'부자父子선'으로 출어하는 게 꿈이었어요."

후쿠시마 현 미나미소마 시에서 30년간 어부 생활을 해 온 마키타 토요미蔣田豊美 씨(50세)는 약 10년 전 자신의 배를 마련했습니다. 그러나 마키타 씨와 큰아들 유세이裕成 씨(18세)는 동일본대지진과 도쿄전력 후쿠시마 제1원전 사고로 조업을 할 수 없게 되었습니다.

2년 전, 원전 사고로 나미에마치 전 주민이 피난을 가게 되는 바람에 마키타 씨의 배 '타이코마루泰晃丸'가 정박해 있던 우케도항 주변 출입이 금지되었기 때문입니다. '타이코마루'는 쓰나미로 침몰했는지 표류 중인지 여태껏 확인할 길조차 없는 상황입니다.

"뭍으로 끌려올라온 물고기처럼 공중에 붕 뜬 생활이었다"

며 지난 2년을 술회하는 마키타 씨. 스트레스로 탈모증까지 생겼습니다.

◎ **해일에 휩쓸려간 가족의 꿈**

당장이라도 새 배를 건조하고 싶지만 일단 지금은 순서를 기다리는 중입니다. 후쿠시마 현 피해 선박의 경우 정부가 건조비용의 9분의 7을 부담하게 되어 있습니다.

유세이 씨는 3월에 후쿠시마에 단 한 곳뿐인 현립 수산고등학교 해양과를 졸업합니다. 재학 중 해기사 자격을 취득해 외국 선박회사에도 갈 수 있지만, 가족들과 함께 지내고 싶었던 유세이 씨는 어부가 되기로 결심했습니다. 그런 상황에서 원전 사고로 인한 조업자숙으로 인생 설계 자체가 어긋난 것입니다.

대지진이 일어난 날 마키타 씨 가족은 미나미소마 시 카시마 구역 해안 근처 자택에 있었습니다. 피난 지시가 내려와 두 대의 차에 나눠 타고 마노眞野소학교로 이동했습니다. 거기서 '이곳도 위험하다'고 지적하는 마을 장로의 말을 듣고 다시 바다에서 좀 더 떨어진 보건센터까지 도망쳤습니다.

아내 미유키 씨(48세)는 "해일에 배가 밀려와 논 위로 떠다녔다"고 공포스럽던 당시 상황을 회상했습니다. 해일은 그들의 집을 형체도 없이 휩쓸고 가 버렸습니다.

◎ 바다를 사랑해서

마키타 씨는 어린 시절부터 부친과 함께 배를 탔습니다. 중학교를 졸업한 후 당시 어업협동조합 조합장의 배를 타고 조업한 기억이 있는 마키타 씨.

"바다를 사랑해왔습니다." 그런 만큼 마키타 씨는 바다가 방사능에 오염되었다는 사실에 분노합니다. 도쿄전력이 방사능 오염수를 바다에 흘려보내는 바람에 물고기들이 오염되어 식품안전을 위한 기준치를 넘어선 것입니다.

작년(2012년) 6월부터 문어, 밤나무문어, 소라고둥 등의 시험 조업이 실시되었고, 모든 어패류에서 방사성 세슘이 검출되지 않았습니다. 그리고 같은 해 8월, 후쿠시마 어업협동조

동료 어부(왼쪽)와 이야기를 나누고 있는 마키타 토요미 씨(오른쪽)
= 미나미소마 시 카시마鹿島항

합장회가 털게, 밤나무문어, 문어 등 (방사성 세슘) 불검출 어류에 한정한 시험 조업을 다시 승인했습니다.

그래서 소마후타바어업협동조합 카시마, 우케도 지소는 현재 조업 재개 준비를 시작한 상태입니다. 마키타 씨는 말합니다.

"가자미나 넙치 같은 것들이 인기가 있는데, 아직 조업을 할 수가 없어요. 그렇다 보니까 지금껏 거둬온 정도의 이익은 꿈도 꾸지 못하는 상황인 거죠."

그럼에도 도쿄전력은 부지 내의 오염수를 바다로 흘려보내려 하고 있습니다.

"큰일 날 소리지. 바다로 흘려보낸다니 그게 말이나 되는 이야긴가요. 작은 아이도 어부가 되겠다고 합니다. 여하튼 '부자선'은 무리라도 큰 아이, 작은 아이가 '형제선'이나마 출어하는 날이 왔으면 좋겠네요. 꿈을 포기하지 말아야죠."

_ 2013년 3월 14일 자

피난생활이 아내의 명 재촉했다

후쿠시마 시내 가설주택에 거주하는
구마가와 카오루 씨

도쿄전력 후쿠시마 제1원전 사고로 후쿠시마 현 나미에마치 우케도에서 피난해 후쿠시마 시내 가설주택에서 생활하고 있는 구마가와 카오루熊川馨 씨(83세)는 61년간 함께했던 아내를 올해(2013년) 1월 급성 심근경색으로 잃었습니다.

더운 여름과 눈 내리는 겨울. 비교적 온난한 날씨인 나미에마치에서 좀처럼 경험할 수 없던 스트레스였습니다. 구마가와 씨는 결국 아내의 죽음이 재해와 관련된 것이라는 결론을 내리고 민원을 제기하게 되었습니다.

단호한 어조로 "여기(가설주택)서 죽고 싶지 않다"고 말하는 구마가와 씨. 후쿠시마 현 당국의 통계에 따르면 지진재해 사망자는 149명. 그밖에 247명이 재해 관련 사망자로 인정받았습니다.

피난생활의 스트레스나 환경악화 등으로 건강이 나빠져 병으로 사망한 경우, 정부 등은 재해위로금을 지급합니다. 사망자가 생계를 담당했던 경우 500만 엔, 이외의 경우에는 250만 엔입니다.

"여기 오지 않았다면 명을 재촉할 일도 없었을 거예요. 집에 돌아오면 '어서 와요'하며 반기던 목소리도 더 이상 들을 수 없고. 혼자 지내게 되니 너무 쓸쓸해서…"라며 말끝을 흐리는 구마가와 씨.

◎ **아직도 잊을 수 없는 일**

아직도 그날의 일을 잊을 수 없습니다. 2011년 3월 11일, 구마가와 씨는 그때까지 경험해 본 적 없는 강도의 진동을 느껴 집에서 뛰쳐나왔습니다. 문이 쓰러지고 지붕의 기왓장이 무너져 떨어졌습니다. 이웃에 홀로 살던 한 노인은 울음을 터뜨렸습니다.

"바다 쪽을 보니 하늘도 바다도 온통 새까매서 그 경계를 구분할 수 없었습니다. 파도가 방파제에 부딪혀 물이 사방으로 흩어지는데, 어디선가 '해일이 밀려온다, 도망쳐!'라고 외치는 소리가 들리더라고요. 아내와 고등학교 2학년에 다니는 손자까지 셋이서 자동차를 타고 도망쳤습니다. 아내가 '사람이 떠내려가는 걸 봤다'고 하더군요. 겨우 목숨만 부지한 터라 갈아입을 옷 한 벌 챙겨오지 못했습니다."

고지대인 오히라야마大平山에 가보니 벌써 사람들로 가득했습니다. 일단 나미에 선샤인으로 이동했다가 아직 학교에 있던 초등학교 6학년생 손자를 데리러 가던 중 "주민 센터로 피난해 있다"는 소식을 듣고 그리로 향했습니다.

"쓰시마로 가라", "니혼마쓰 시의 소학교로", "쓰치유온천으로"…. 이재민들의 '표류'가 계속되었습니다. 결국 후쿠시마 시내 가설주택에 도착한 것은 같은 해 8월이 되어서였습니다.

구마가와 씨는 "전쟁통에도 체험해 본 적 없는 처량한 피

"아내와 좀 더 대화를 하고 싶었다"며
아내의 죽음을 애통해 하는 구마가와 씨
= 후쿠시마 시내 가설주택에서

난살이었다"고 당시를 회상했습니다. 주먹밥 두 덩이와 단무지, 난방 기구도 없이 판자 사이에 모포 한 장만 놓여 있던 피난소, 맨땅에 구멍을 파 놓았을 뿐인 화장실. 수많은 피난민이 한 대의 세탁기를 같이 써야 했습니다. 그나마 갈아입을 옷도 없어 더러워진 옷을 뒤집어 입어야 했습니다.

"너무 비참해서 떠올리고 싶지도 않아요."

구마가와 씨는 남동생과 매부를 쓰나미에 잃었습니다. 나미에마치로 돌아가는 것도 '방사선량이 높다'는 이유로 금지돼 있고, 행방불명된 사람들의 수색도 늦어졌습니다. 그래서 4월에야 동생의 시신을 발견했지만, 시신은 이미 심하게 손상된 상태였습니다.

구마가와 씨의 자책이 이어졌습니다. "원전건설 반대를 관철시켰어야 해요. 저지하지 못한 건 정말 한심한 일이었다고 생각합니다."

◎ **기필코 원전 제로를**

국영철도(지금의 'JR') 노동조합원이던 구마가와 씨는 "(조합원 시절) 반대운동에 참가하고 집회에도 갔습니다. 당시 독일에서 원자력 분야를 전문적으로 연구한 박사님을 불러다 강연도 들었는데, 직접 체험한 사고의 위험이란 강연에서 들었던 내용을 훨씬 뛰어넘는 것이었어요"라며 당시를 회고하다

회한이 서린 어조로 말을 맺었습니다.

"먼저 떠난 아내와 좀 더 이야기하고 싶었어요. 하루빨리 제염이 끝나서 불안감을 떨치고 싶습니다. 무엇보다 원전 제로가 실현되었으면 좋겠고요."

_ 2013년 3월 18일 자

도원향에 원전이 웬 말인가?

하나미야마공원 원예농가

칸노 타다시 씨

'후쿠시마의 도원향桃源鄕'. 꽃 사진 촬영이 생업이던 사진가 고故 아키야마 쇼타로秋山庄太郎 씨는 후쿠시마 시 와타리渡利 지구 '하나미야마花見山공원'을 이렇게 평했습니다.

올해도 하나미야마공원 주변에는 도카이사쿠라東海桜, 매화나무, 복숭아나무, 왕벚나무, 개나리, 명자나무, 목련, 동백나무 등 봄을 물들이는 꽃들이 산 곳곳에 피어나 그 아름다움을 자랑하고 있습니다.

아키야마 씨의 작품으로 인해 전국적으로 알려지게 된 '하나미야마공원'은 도쿄전력 후쿠시마 제1원전 사고 전인 2010년까지만 해도 32만 명의 꽃놀이 인파로 붐볐습니다. 하지만 원전 사고 후인 2011년 3월 13일에는 방문객이 고작 100명 이하로 격감하는가 하면, 한 해를 통틀어도 9만 4천 명 정도로 예년의 3분의 1 수준이 되어버렸습니다.

◎ 버려진 꽃들

'하나미야마공원'은 원래 화훼원예농가 사유지의 이름입니다. 아부쿠마阿武隈강 오른쪽 강변 구릉지 중턱 와타리지구에 자리 잡고 있어 무료로 산책이 가능합니다. 3.11 후에는 방사선량이 높은 핫스팟hot spot이 발견되어 지구 전체에 집중 제염이 실시되었습니다.

이 지역 화훼원예농가의 칸노 타다시菅野忠 씨(73세)는 "채소만큼 소문 피해를 겪지는 않았지만, 한 달 정도는 출하가 늦어지는 바람에 꽃들이 버려졌다"며 한숨을 쉬었습니다.

"꽃과 원전은 어울리지 않습니다. 역시 원전 즉시 제로를 실행해야 해요."

만개한 꽃나무 밭에 서 있는
칸노 타다시 씨
= 후쿠시마 시

칸노 씨의 집안은 부친 마쓰타로松太郎 씨는 물론 조부 쿤타로君太郎 씨 대부터 꽃나무를 생산하는 농가였고, 그래서 타다시 씨도 집안으로부터 약 4만 제곱미터 좀 안 되는 토지를 물려받았습니다. 와타리지구에서는 경작면적이 무척 큰 농가였습니다.

특히 마쓰타로 씨는 홋카이도와 호쿠도北東지방까지 판로를 확대했다고 합니다. 칸노 씨는 "부친이 후쿠시마 현 이외 지역으로 처음 출하를 하셨다"며 아버지의 장사 수완을 자랑했습니다.

와타리지구는 잡목림을 개간한 국내유수의 양잠지養蠶地였습니다. 하지만 1929년 세계공황으로 시장이 폭락하면서 화초로 종목을 전환했습니다. 태평양전쟁 중에는 "불요불급不要不急의 작물인 꽃을 재배한다며 '비국민非國民' 취급당한 적도 있다"고 합니다. 따라서 당시에는 부득이 '통제 경제' 체제에 따라 보리, 콩, 구황작물 등을 재배해 공출해야 했습니다.

◎ **부활의 전조**

전쟁이 끝난 후 백일홍, 카네이션, 메리골드 등을 생산했지만, "연작에 문제가 있어 재배품목을 바꾸게 되었다"는 타다시 씨. "현재 중점을 두고 있는 것은 꽃나무의 하나인 남천Nandina"이라고 합니다.

"남천은 7월부터 8월 사이에 순백의 꽃을 피웁니다. 그리고 11월부터 12월 사이에 붉은 열매를 맺으며 색을 바꾸지요. 눈이 내리면 붉은색과 흰색의 조화가 무척 근사해요. 또 '흩어진 것들이 다시 모이는' 좋은 징조라고 해서 특히 정월에 없어서는 안 되는 꽃나무이기도 하고요. 봄뿐만이 아니지요. 하나미야마는 사시사철 볼거리가 넘칩니다."

'하나미야마공원' 주변은 1996년부터 건설성(지금의 국토교통성)이 보조하는 '산속 오솔길 즐기기 워킹트레일Walking Trail 사업'에 지정되어 산책로가 조성되었습니다. 또, 2007년에는 '후쿠시마 시 경관 100선'에 선정되기도 했습니다. 사람들로부터 사랑받는 경치가 관광자원으로 활용되어 행락객의 왕래가 빈번해진 것입니다. 그리고 원전 사고로부터 2년이 지난 지금 다시 꽃놀이 인파가 몰리면서 '부활의 전조'를 보이고 있습니다.

타다시 씨는 마지막으로 "흙을 밟아 다지는 것은 꽃나무의 생육에 악영향을 끼칩니다. 그러니까 부디 농지에는 들어오지들 말았으면 좋겠어요. 사진을 찍다 나뭇가지를 꺾거나 하는 일들이 있는데, 재배농가 입장에서는 그런 것들도 다 상품이거든요. 함께 자연경관을 공유하면서 소중하게 키워갔으면 합니다"라는 호소를 덧붙였습니다.

_ 2013년 4월 9일 자

그리운 목초지

가와마타마치의 3세 낙농인
사이토 히사시 씨

사이토 히사시斎藤久 씨(40세)는 젖소를 키우는 낙농인 3세입니다. 후쿠시마 현 동부에 위치한 아부쿠마산 인근 가와마타마치에서 21마리의 소를 키우고 있습니다.

◎ 사고 이후 소들이 차례로

2011년 3월 도쿄전력 후쿠시마 제1원전 사고 후 그해 가을까지 5마리의 소가 죽었고, 2마리는 유산을 한 뒤 제구실을 못하게 되었습니다.

"여물을 자급할 수가 없으니 영양공급이 제대로 되지 않았어요. 그래서 죽어버린 겁니다"라며 원전 사고 직후의 혼란에 대해 술회하는 사이토 씨.

사이토 씨에게는 초등학교 3학년과 5학년, 그리고 중학교

1학년에 다니는 세 명의 아이들이 있어 원전 사고 후인 3월 15일부터 반 년간 도쿄 도 네리마練馬 구에 있는 처가에서 피난생활을 해야 했습니다. 그동안 젖소들은 부모님께 맡겨둘 수밖에 없었습니다.

이후 2년이 지났지만 아직도 젖소에게 먹일 목초는 해외에서 수입하는 상황입니다.

"올해는 목초의 방사선량이 사료로 쓸 수 있을 정도까지 낮아졌으니 5월 하순까지는 계측을 해 보려고요. 30베크렐 이하면 여물로 쓸 수 있으니까요."

인근에서 목초를 조달하기가 여전히 불가능한 상황은 방사능 피해의 심각성을 말해줍니다.

목초지는 설령 소에게 줄 수 없는 목초라도 매년 그것이 자라날 수 있도록 관리해 놓지 않으면 대나무나 참억새, 덩굴성 식물 등으로 뒤덮이게 됩니다. 그렇기 때문에 사이토 씨도 소에게 줄 수는 없지만 일단 재배해 둔 2년 치 목초를 보관하고 있습니다.

"소들에게 목초를 줄 수 있도록 목초지가 어서 원상태로 돌아갔으면 좋겠어요. 목초지에서 방사선량이 감소하지 않는다면 아예 산 전체를 제염해 주었으면 좋겠는데. 보관하고 있는 목초를 놓아둘 장소도 필요합니다."

◎ 순조롭던 생활은 어디에

사이토 씨는 원래 도쿄농업대학을 졸업한 후, 대학 시절의 대회 입상 경력을 살려 도쿄 도 하치오지八王子 시의 승마클럽 강사로 일했었습니다. 그러다 27살 때 고향으로 돌아와 가업인 축산업을 물려받은 것입니다.

모든 것이 순조로워 한때 어미소가 20마리, 새끼소는 10마리까지 불어난 적도 있었습니다. 그렇게 '맑은 공기, 별이 가득한 밤하늘. 후쿠시마에 돌아오길 잘했다'고 생각할 즈음 원전 사고가 일어났습니다.

"방사능을 신경 쓰면서 산다는 건 고통입니다. 원전 사고

젖소에게 여물을 주고 있는 사이토 히사시 씨
= 후쿠시마 현 가와마타마치

가 두 번 다시 일어나지 않기를 바라요. 자연의 축복이 넘치던 고향이 오염되어 버렸습니다. 아이들은 밖에서 마음껏 뛰어놀 수도 없어요. 원전은 절대로 안전하지 않습니다."

곧 소의 번식기가 찾아온다는 말을 하던 사이토 씨의 목소리에 힘이 실렸습니다.

"부모 세대로부터 물려받은 토지와 재산을 잃을 수 없습니다. 낙농은 노력한 만큼 돌려받을 수 있는 직업이라고 생각해요. 더욱 분발해야지요."

_ 2013년 5월 6일 자

마음의 꽃

미하루 타키사쿠라 자손목을 보급하는
콘나이 고이치 씨

콘나이 고이치近內耕一(80세) 씨는 후쿠시마 미하루마치三春町에서 농사일과 더불어 정부에 의해 천연기념물로 지정된 일본 3대 벚꽃 중 하나인 '미하루 타키사쿠라三春の滝桜' 자손목을 보급하고 있습니다. 타키사쿠라는 수령樹齢 1000년 이상이며, 높이 12미터에 줄기둘레가 9.5미터, 가지 길이는 동서 22미터에 달합니다. 미하루마치 읍장 등은 지난 2월 부탄 국왕의 피해 지역 방문에 대한 답례로 부탄에 가서 타키사쿠라 자손목을 증정했습니다. 타키사쿠라 자손목은 부탄 외에도 오스트리아, 폴란드, 헝가리, 타이완 등에 보내졌습니다.

　이 지역도 동일본대지진과 도쿄전력 후쿠시마 제1원전 사고 이후 관광객이 격감했습니다. 가장 많을 때는 30만 명을 넘기던 꽃놀이 인파가 지난해 21만 명밖에 찾아오지 않은 것입니다. "올해 방문 인원은 아직 집계 중예요. 작년보다 늘기는 했는데…"라며 말끝을 흐리는 읍장.

타키사쿠라를 한 번이라도 본 사람들은 누구나 "이런 벚꽃을 가까이에서 볼 수 있다면 행복할 것"이라는 생각으로 자손목을 늘리기 위해 묘목을 구매하고 싶다는 의사를 내비치고 있습니다.

◎ 예순여덟 살이 되면서부터 묘목 판매

콘나이 씨가 이런 사람들에게 묘목을 판매하기 시작한 것은 그의 나이 예순여덟이 되면서부터였습니다. 벼농사 외에 양잠과 담배농사로 생계를 꾸려오고 있었지만, 결국 하나같이 사양 산업인 터라 품목 전환을 할 수밖에 없었습니다. 그러던 중 먼저 타키사쿠라 관련 사업을 시작한 사람으로부터 "후계자가 되어 보지 않겠느냐"는 권유와 함께 묘목 100그루를 나눠받게 된 것입니다. 그리고 열심히 지도를 받은 끝에 결국 자립할 수 있는 단계에까지 이르렀습니다.

묘목을 키우는 일은 상당한 시간과 관심을 요합니다. 잠시 설명해 보자면, 일단 6월경 벚나무 열매에서 나온 씨를 주워 망으로 싼 후 보존합니다. 그리고 이듬해 2월 발아시켜 땅에 심습니다. 심은 뒤 1년 동안 키우고 나면 그것이 접목接木이 됩니다. 접붙이기의 기본은 접목을 단단히 뿌리내리도록 하는 것인데, 그렇게 키운 접목에 접붙일 나무를 붙여 키웁니다. 동업자들의 성공률은 70퍼센트에서 80퍼센트 정도지만, 콘나이 씨의 성공률은 90퍼센트를 넘습니다.

그런데 올해(2013년) 2월에는 1300개의 씨를 심어놓고도 묘목을 다섯 그루밖에 키우지 못했습니다. "발아를 하지 않아요. 혹시 모종이 부족해서 그러는 건지 걱정이네요." 불안해하며 말을 잇는 콘나이 씨. "이변이 일어나고 있어요. 이쪽 일을 하는 동료들 말로는 발아율이 보통 3할 정도 줄어들었다고 하더라고요. 영산홍 분재를 하는 농가들 사이에서도 '원인모를 고사현상'이 걱정거리가 되고 있습니다. 방사능 때문이 아

타키사쿠라 자손목의 상태를
살펴보고 있는 콘나이 고이치 씨
= 미하루마치

니 있으면 좋겠는데…"

최근에는 '타키사쿠라의 딸'이라 불리는 수령 약 400년의 '베니시다레지조사쿠라紅枝垂れ地蔵桜'의 접붙이기에 도전하고 있는 콘나이 씨. "접붙이기가 성공해 구매한 사람으로부터 '벚꽃이 피었다'는 전화가 오면, 정말 돈으로 환산할 수 없을 만큼의 기쁨을 느낍니다. 그런 소식이야말로 마음의 꽃이지요."

◎ 200그루를 심는 날까지

콘나이 씨의 꿈은 1만 9천 평의 밭을 벚꽃으로 가득 채우는 것입니다. 그러기 위해서는 200그루의 벚나무를 심어야 합니다. 벌써 100그루를 심어놓은 상태고, 그중 60그루가 꽃을 피우기 시작했습니다.

"미하루 타키사쿠라가 피는 이곳이 방사능으로 오염되는 것을 용납할 수 없습니다. 사람과 동식물, 아니 생명을 가진 모든 것이 피해자가 될 테니까요. 위험은 피해야죠. 인류가 멸망할 수도 있으니까요. 그러니 하루빨리 원전 제로가 실현되기 바랍니다." 콘나이 씨의 말에서 결기가 묻어나오고 있었습니다.

_ 2013년 5월 14일 자

시민의 입장에서 기록하고 전한다

원전 피해를 고발하는
오부치 마리 씨

"후쿠시마에서 일어나고 있는 일들을 히로시마, 나가사키, 체르노빌의 경우와 마찬가지로 다음 세대, 그리고 그 다음 세대에까지 전하고 싶습니다."

후쿠시마 현 시라카와白河 시의 NPO법인 '아우슈비츠 평화박물관'(아우슈비츠 강제수용소 유적을 보존·관리하는 폴란드 국립 오시비엥침Oświęcim 박물관으로부터 희생자의 유품, 기록, 사진 등을 대여해 전시하고 있다. 연간 약 3천 명의 관람객이 다녀갔지만, 원전 사고가 있던 2011년에는 방문객이 1894명으로 격감했다.) 관장 오부치 마리小渕真理 씨(56세)의 말입니다.

"다음 세대에 전쟁의 참화를 전하기 위한 '시민이 만드는 박물관'"으로서 지난 2000년 4월 토치기 현 시오야마치塩谷町에 개설된 '평화박물관'이 2003년 시라카와 시로 이전한 뒤 채

10주년을 맞기 전에 도쿄전력 후쿠시마 제1원전 사고가 일어났습니다.

◎ 공통의 '위기'

폴란드의 아우슈비츠 강제수용소에서 일어난 학살도, 후쿠시마 제1원전 사고도, 결국 '생명과 인권이 위기에 직면한 상황'이라는 점에서 "공통된다"고 인식하고 있는 오부치 씨.

"10주년 기념사업 계획을 '원전재해정보센터' 건설로 바꾸

전시 패널을 설명하는
오부치 마리 씨
= 시라카와 시

었어요." 오부치 씨는 올해(2013년) 5월 '평화박물관' 근처에 자매관姉妹館으로서 '원전재해정보센터'를 가오픈했습니다. 이곳에서는 앞으로 상설전시가 이루어질 것입니다.

최근에는 리츠메이칸立命館대학 국제평화박물관의 협력을 받아 '방사능과 인류의 미래'라는 제목의 기획전이 열리고 있습니다. '방사능이란 무엇인가', '후쿠시마 원전 사고로 방출된 방사능', 그리고 '후쿠시마 원전 사고의 사회적 비용' 등을 알기 쉽게 해설한 약 30매의 패널이 전시되어 있습니다.

"장래에 후쿠시마 현 차원에서 어떤 전시관 같은 것이 만들어질지도 모르겠지만, 그 전에라도 우선 시민의 입장에서 올바른 정보를 모아 전시하고 싶습니다. 자원봉사와 모금에 의해 운영되고 있지만요."

오부치 씨가 말을 이었습니다. "초등학교 고학년부터 방사능에 대해 학습할 필요가 있다고 저는 생각합니다. 후쿠시마 아이들의 불안이란 실로 헤아리기가 힘들 정도예요. '결혼할 수 있을까', '아이를 낳아도 괜찮을까' 등 아주 심각하지요. 그래서 우선 방사능에 대해 제대로 알게 되면 다시 기운을 차리고 안심도 할 수 있지 않을까 싶어요. 아울러 이곳이 차별에 맞서는 법을 배우는 교육의 장이 되었으면 합니다. 맞춤형 학습도 제공할 수 있으면 좋겠고요."

실로 알찬 포부입니다.

◎ 뼈를 묻을 각오로

후쿠시마 원전 사고가 있은 지 2년 3개월여. "일상 속의 편견과 차별을 경험했습니다. 이를테면 '(후쿠시마 원전 사고로) 사망자가 나온 건 아니잖은가. 안전성을 확보하면서 (원전을) 활용할 수밖에 없다'던 자민당 다카이치 사나에高市早苗 정무조사회장의 발언이나 부흥담당 관료의 트위터 폭언 등에서 확인할 수 있듯, 인간으로서의 본성 자체를 의심하게 될 만큼 후쿠시마의 진실이 제대로 전해지지 않고 있어요. 올바르게 기록하고, 또 그것을 전파할 필요가 있습니다."

도쿄 출신의 오부치 씨는 주소지를 시라카와 시로 옮기는 등 '후쿠시마에 뼈를 묻을 각오'를 굳히고 있습니다.

"히로시마와 나가사키의 자료관에 필적하는 센터를 만드는 것이 목표입니다."

_ 2013년 6월 24일 자

도쿄전력과 싸워 승리할 때까지

피해의 원상회복을 요구하는
가네이 나오코 씨

생명과 고향, 일터를 빼앗고 건강과 가족마저 무너뜨린 도쿄전력 후쿠시마 제1원전 사고. 후쿠시마 현 나라바마치에서 이와키 시로 피난을 와 있는 가네이 나오코金井直子 씨(47세)는 피해자와 가해자의 입장이 역전되어 있는 것에 충격을 받았습니다. 가해자인 도쿄전력이 일방적인 손해배상 기준을 강요하고 있다는 사실을 알게 되었기 때문입니다.

그래서 가네이 씨는 피해의 원상회복을 목표로 하는 피난민 소송에 참가했습니다. 2012년 12월 40명의 원고가 참여한 가운데 1차 제소가 이루어졌고, 다시 오는(2013년) 7월 17일, 제2차 제소를 준비하고 있는 상황입니다.

◎ 큰어머니의 죽음

자신이 '한사람의 주부'임을 강조하는 가네이 씨. 2011년 3월 11일까지 약 70명 정도가 일하는 패널 제조 공장에서 사무직으로 일했습니다. 대지진 당일에는 여진 때문에 패닉 상태에 빠진 동료도 있었지만, 일단 전원 무사하다는 것을 확인했습니다. 하지만 해안 쪽을 보니 어느새 해일이 몰려오고 있었습니다.

불행 중 다행으로 가네이 씨의 직장은 고지대에 있었습니다. "우리 집은 이제 끝났구나…"하며 중얼거리던 동료들. 일단 논의 후 직장 해산이 결정되었습니다. "뿔뿔이 흩어져 피난을 갔습니다. 그 후 다시는 동료들을 만날 수 없었죠. 그렇게

"가시밭길이라도 걸어갈
수밖에 없다"며 결의를 다지는
가네이 나오코 씨

헤어진 겁니다.”

　　그렇게 회사를 떠나 집으로 돌아왔지만, 이내 원전 사고 소식에 귀중품과 모포 정도만 챙겨 서둘러 이와키 시로 향할 수밖에 없었습니다. 그리고 차 안이나 초등학교 체육관 등을 전전하는 피난생활을 하게 되었습니다.

　　오쿠마마치에 살던 어머니(79세)와 연락을 할 수 있게 된 것은 대지진이 일어난 지 나흘 후의 일. 어머니는 큰어머니와 함께 있었습니다. 그리고 큰어머니는 지난해 9월 28일 별세했습니다. 피난생활로 식사를 제대로 할 수 없었기 때문에 결국 몸이 허약해져 명을 재촉한 것입니다. 원전 사고 때문에 피난생활을 하지 않았더라면 맞이하지 않아도 되었을 죽음이었습니다. 큰어머니를 “비참하게 죽게 했다”며 슬픔에서 헤어 나오지 못하던 어머니. 지금은 가네이 씨 가족으로부터 그리 멀지 않은 이와키 시의 임대주택에서 혼자 지내고 있습니다.

　　가네이 씨는 그런 어머니가 걱정입니다. “원래 단독주택에 혼자 사셨거든요. 그때는 집이 넓었으니 요즘은 스트레스도 심하실 거예요. 텃밭을 가꾸며 여유 있게 지내던 평화로운 삶을 빼앗긴 겁니다.”

　　나라하마치에 있던 가네이 씨의 주택은 지어진 지 고작 5년째. 아직 융자금이 많이 남았습니다. 그 와중에 ‘평생 직장’이라고 생각하던 일터도 빼앗겨버렸습니다.

◎ 원고단 사무국장

　"이대로 끝낼 수 없다." 억울함이 북받쳤습니다. 원고단 사무국장을 맡은 것은 "도망치지 않고 피난민들이 직면한 가혹한 현실을 직시해 도쿄전력이 책임지게 하겠다"는 결의를 굳혔기 때문입니다.

　"국책으로 시작된 원전입니다. 또 아이들의 미래와 앞으로의 일본이 '이대로 괜찮겠는가' 하는 의문이 제기되는 상황이고요. 어쩌면 제가 죽는 날까지 재판이 이어질지도 모르죠. 승리하는 날까지 계속 가시밭길이 이어지겠지만, 그래도 포기하고 싶지 않습니다."

_2013년 7월 1일 자_

음악으로 힘을 주다

알토색소폰 연주자
카와세 미카 씨

알토색소폰 주자 카와세 미카川瀬美歌 씨(21세, 가명)는 후쿠시마 현 이다테무라 출신입니다.

동일본대지진과 도쿄전력 후쿠시마 제1원전 사고가 일어난 3.11 당일, 학생이던 카와세 씨는 교내에서 합주 서클 동료들과 연습을 하던 중이었습니다. 3층 건물인 교사의 유리가 깨지고 2층의 일부가 무너져 내렸지만 다행히 다치지는 않았습니다.

◎ **뿔뿔이 흩어진 가족**

가족들과 연락을 취한 후 모두 무사한 것을 확인하고 후쿠시마 시내에 살던 언니와 합류했습니다. 그 후 마을 전체가 계획적 피난구역으로 지정되면서 다함께 피난을 가게 되었습니다. 증조부모, 조부모, 부모, 그리고 네 자매가 함께 살던 가족은 가와마타마치와 후쿠시마 시내 임대아파트 등으로 뿔뿔이 흩어졌습니다. 증조할머니는 삶의 낙이던 텃밭을 잃어버렸습니다. 귀여워하던 고양이도 마을에 내버려두고 올 수밖에 없었습니다.

추억이 가득하던 이아테무라. 카와세 씨는 말합니다. "맑은 공기에 자연이 풍요롭던 곳이었습니다. 산에서 딴 고사리, 벚꽃나무 아래서 먹던 도시락, 사람과 사람 사이의 깊은 정을 느낄 수 있었던 이다테무라로 돌아가고 싶어요."

대지진과 원전 사고는 카와세 씨의 마음에 깊은 상처를 남겼습니다. '결혼해서 건강한 아이를 낳을 수 있을까….' "늘 불안해하는 가운데 감당하기 힘들만큼 슬픈 일들을 많이 겪었어요." 지난 2년 4개월을 돌아보는 카와세 씨.

"(원전 사고는) 정말 말도 안 되는 일이라고 생각합니다. 용

일러스트 = 오오하시 사오리 씨

서할 수가 없어요. 그렇다고 이대로 주저앉아 있을 수만은 없습니다. 이대로 멈춰 서서도 안 되고요. 이제 앞만 바라보며 가야죠"라며 카와세 씨는 마음을 추스릅니다.

대학을 졸업한 카와세 씨는 요즘 민간 기업에서 일하고 있습니다. "학교에서 함께 연주하던 친구들을 적어도 다섯 명 정도 모아 사회인 밴드를 만들고 싶다"는 꿈도 가지고 있습니다.

중학교 때부터 취주악부에서 알토색소폰을 연주했습니다.

"사실 처음엔 플루트를 하고 싶었어요. 선생님이 알토색소폰을 권해주신 거죠. 그런데 막상 하다 보니 정말 재미가 붙더라고요."

중학교, 고등학교, 그리고 대학에서까지 음악을 배웠지만, '꼭 프로가 되지 않아도 좋지 않나'하는 생각이 들었다고 합니다. "취미 삼아 그냥 자유롭게 제 스타일대로 연주하고 싶어요."

"내년 여름 무렵까지 동료들과 함께 고령자 시설이나 가설주택 등을 돌며 연주할 수 있게 되면 정말 최고일 것 같다"며 희망에 부푸는 카와세 씨. "음악은 솔직하지요. 즐거움과 치유하는 힘을 가졌고요. 슬픈 곡이라도 그 슬픔 속에서 다시 살아갈 수 있는 에너지를 느낄 수 있습니다. 희망과 용기를 전해주는 거죠."

◎ 어울리지 않는 존재

카와세 씨는 아베 정권의 원전 재가동 방침에 반대합니다. "후쿠시마에서와 같은 실패가 다시 반복되는 것을 바라지 않기" 때문입니다.

카와세 씨는 말합니다. "음악과 원전은 서로 어울리지 않아요. 사람들에게 살아갈 힘을 주는 것이 음악이라면, 위험을 몰고 다닌다는 점에서 원전은 그야말로 정반대편에 서 있죠. 결국 원전 제로를 향해 가야 합니다."

_2013년 7월 22일 자

승소로 에너지정책 전환을

'생업을 돌려줘, 지역을 돌려줘!' 후쿠시마 원전 소송 원고단장
나카지마 타카시 씨

"이 재판이 '인류사에 획기적인 변화를 이끌어냈다'는 후세의 평가를 받을 수 있도록 해야 합니다."

후쿠시마 현 소마 시에서 슈퍼마켓을 경영하는 나카지마 타카시 사장(57세)은 '생업을 돌려줘, 지역을 돌려줘!' 후쿠시마 원전 소송(후쿠시마지방재판소)의 1차 구두변론에서 위와 같이 진술했습니다.

◎ '뱃사람' 네트워크

나카지마 씨가 사는 사모 시 마쓰카와우라松川浦는 후쿠시마 현 동북단에 자리 잡고 있으며, 동쪽으로 태평양에 면해 있습니다. 또 노르웨이 앞바다, 캐나다 뉴펀들랜드 섬 앞바다 등과 겨루는 세계 3대 어장이 소재한 긴카산金華山 연안에 인접한

하라카마原釜항이 있어 트롤어선, 자망어선 등 250척의 배가 출어를 나가기도 했습니다.

하지만 이런 하라카마항에서도 도쿄전력 후쿠시마 제1원 전 사고 이후 바다로 흘러들어간 오염수의 영향 때문에 결국 조업 자숙이 시행되었습니다. 그리고 도쿄전력은 올해(2013년) 7월 다시 새로운 오염지하수가 바다로 유출되었음을 공표했습니다.

"그로 인해 조업 재개의 전망은 절망적 상황에 직면하게 되었습니다. 끝까지 희망을 버리지 않던 어부들을 도쿄전력이 낭떠러지로 내모는 타격을 준 것입니다. 어업으로 지탱하던 지역경제에도 지대한 영향을 주는 일이었습니다"라며 분노를 되새기는 나카지마 씨. 생선 행상을 하던 아버지와 함께 무려 28년이라는 시간을 들여 슈퍼마켓을 마련해 지역밀착형 점포로 신선한 생선이나 수제도시락·반찬 등을 소비자들에게 제공해 왔습니다.

소마 시는 대지진 당시 479명(2013년 3월 현재)의 희생자를 냈습니다. 항구에서 영업을 하던 슈퍼마켓 두 곳도 해일에 휩쓸려 가버렸지만, 고지대에 있던 마카시마 씨의 점포는 다행히도 화를 면할 수 있었습니다. 직원들과 함께 폴리에틸렌제 물통을 모아 물을 확보해 이재민들에게 나누어 주었습니다. 물과 식료품을 찾는 손님이 쇄도하더니 결국 대지진이 일어난 지 3일째 되던 날 슈퍼마켓의 모든 상품이 동나 버렸습니다. 그 후에는 비축해 놓았던 쌀을 풀어 주먹밥을 만들어서 피난민들에게 제공했습니다.

대지진 발생 후 한 달이 지난 4월 중순 무렵, 나카지마 씨는 가게에 장을 보러 온 젊은 어부의 아내로부터 "돈이 바닥나 버렸다. 먹을 것도 부족한데 어떻게 살아야 할지 모르겠다"는 하소연을 듣게 되었다고 합니다.

그녀 가족의 경우처럼 자택을 보전한 이재민들은 피난소에서 집으로 돌아온 이후부터 지원물자를 받을 수 없었습니다. "구호물자를 자택에까지 배포할 수 없다"는 이유였습니다.

그래서 나카지마 씨는 시당국과의 교섭을 주도, 주민들이 스스로 운반하는 것을 조건으로 자택에서 지내는 이재민들

수제 반찬을 주 품목으로 하는 나카지마 스토어의 나카지마 타카시 사장

도 구호물자를 받을 수 있도록 도왔습니다. 또한 그 대상자인 130명의 명단도 작성했습니다. 명단의 타이틀은 어선을 타는 사람을 의미하는 '뱃사람' 네트워크. 그리고 자택에서 지내는 이재민들끼리 서로를 도와주는 활동이 시작되었습니다. 사람들은 지금도 "나카지마 스토어는 생명의 은인"이라며 감사하고 있습니다.

이 뱃사람 네트워크는 올해(2013년) 3월부터 원전 사고로부터의 완전한 구제와 탈원전을 요구하며 재판을 시작했고, 원고단에 오키나와 현 등을 비롯해 전국에서 피난생활을 하고 있는 이재민들이 합류했습니다. 무려 800명이 참여하는 집단소송이며, 9~10월 제2차 소송을 준비하고 있습니다.

◎ **원고 1만 명이 목표**

"1만 명이 참여하는 원고단 구성을 목표로 하고 있습니다. 그런데 이런 엄청난 피해에도 불구하고 정부는 원전을 멈추려하지 않고 있어요. 국민적 열망을 짓밟는 이런 오만한 나라가 세상에 또 있을까요?"라며 분개하는 나카지마 씨. 소송에는 도쿄전력뿐만 아니라 정부 또한 피고로 연루되어 있습니다.

소송은 방사선량이 사고가 나기 이전의 수치로 회복될 때까지 원고 한 명당 5만 엔을 지급할 것을 요구합니다. 나카지마 씨는 "가게는 아이들에게 맡겨놓고 법정투쟁에 대부분의 시간을 할애하고 있습니다. 정부와 도쿄전력에 승소해서 인류생활을 위한 에너지를 원전에서 자연에너지로 바꾸는 풍요로운 사회로의 전환을 이루어내고 싶습니다"라며 앞으로의 포부를 밝혔습니다.

_ 2013년 8월 9일 자

공산당의 승리로 원전 제로

나미에마치를 떠나 가설주택에 살고 있는
마쓰모토 스미이 씨

후쿠시마 시 시노부다이 가설주택에 사는 마쓰모토 스미이
松本スミイ 씨(62세)는 도쿄전력 후쿠시마 제1원전 사고 때문에
나미에마치의 자택을 떠나왔습니다. 지난 참의원 선거에서
처음으로 일본공산당에 투표했다는 그녀는 "선거 날 늦은 시
간까지 TV의 개표방송을 봤다"면서 일본공산당의 약진을 기
뻐했습니다.

◎ **투표한 이유**

"더 이상 아베 씨(총리)는 안 됩니다. 헌법을 개정해서 자위
대를 국방군으로 바꾸겠다잖아요. 자민당 맘대로 되지 않도
록 공산당이 이겼으면 좋겠습니다."

동일본대지진 이후 있었던 후쿠시마 현 지방의회 선거 때

도, 나미에마치 기초의회 선거 당시에도 딱히 공산당을 지지하지는 않았던 마쓰모토 씨가 참의원 선거에서 생각을 바꾸게 된 첫 번째 이유였습니다.

"아베 내각은 전쟁을 일으킬지도 모른다는 생각이 들게 해요." 불안감을 토로하며 말을 잇는 마쓰모토 씨. "고등학생이 되는 제 손자를 비롯한 젊은이들이 침략전쟁에 휘말리지 않도록 어떻게든 헌법을 지켜주었으면 좋겠어요."

또 다른 이유는 일본공산당이 소비세 증세 없이 국가재정 문제를 해결할 수 있는 대안을 제시하며 증세에 반대하고 있기 때문이었습니다.

"선거에서 약진을 거둔 역량으로 재가동을 막아 달라"고 이야기하는 마쓰모토 스미이 씨 = 후쿠시마 시 가설주택

"어서 부흥주택이 지어져 생활이 안정되었으면 좋겠습니다."마쓰모토 씨를 비롯해 이런 생각을 가진 이재민들에게 소비세 증세는 크나큰 부담입니다.

"피난민들이 원전 사고 때문에 이렇게 고통받고 있는데도, 증세를 해서 이재민을 포함한 모든 사람들에게 무거운 짐을 지우려고 하다니요. 다들 허리띠를 졸라매야 하는 피난생활로 아무런 희망도 갖지 못하는 마당에 말이죠. 도저히 용서할 수가 없어요."

도쿄전력 후쿠시마 제1원전 오염수가 바다로 유출되었다는 사실이 밝혀지는 등 원전 사고 수습이 전혀 이뤄지지 않은 상황에서 원전의 재가동을 시도하는 자민당 정권을 바라보며 마쓰모토 씨의 불안감은 더해갑니다.

"모든 원전을 폐로하기 바란다"는 마쓰모토 씨. 특히 일본 공산당이 원전 재가동에 반대하고 원전 제로와 자연에너지 정책으로의 전환을 요구하고 있는 데 공감했다고 합니다.

◎ **삶의 보람을 빼앗기다**

마쓰모토 씨는 카츠라오무라葛尾村 출신으로 나미에마치의 농가로 시집을 왔습니다. 그리고 세 아이가 각각 10살, 9살, 5살이었을 때 남편을 병으로 잃었습니다. 그래서 의류전문학교에서 재봉을 배운 마쓰모토 씨는 봉제공장에서 일하며 아이들을 키웠습니다.

하지만 이십 몇 년간 일하던 회사가 리먼 쇼크로 도산했습니다. 그래서 오쿠마마치의 슈퍼마켓에서 일하게 되었습니다.

대지진이 일어난 2011년 3월 11일, 마쓰모토 씨는 슈퍼에서 일을 마치고 나미에마치의 집으로 돌아와 쉬고 있었습니다. 당시까지 경험해 본 적 없던 격렬한 진동에 기왓장이 떨어지고 집안도 엉망이 되어버렸습니다. 다음날 그녀는 나미에마치 쓰시마지구에 있는 친척집에 몸을 의탁했지만, 결국 기초단체의 지시에 따라 이나와시로마치猪苗代町의 호텔로 피난할 수밖에 없었습니다.

생활환경 변화로 인한 스트레스는 그녀의 건강에 문제를 일으켰습니다. 그래서 시가 현에 사는 큰딸의 집으로 거처를 옮겼지만, 불면증세가 계속 이어져 병원 신세까지 지게 되었다고 합니다. 그러다가 올해(2013년) 4월, 후쿠시마에 돌아가기로 결심하고 시노부다이의 가설주택에 입주했습니다.

나미에마치의 자택에 비하면 턱없이 좁고 답답한 가설주택, 벽 하나로 구분된 방에서 지내다 보면 "프라이버시가 지켜지지 않아 스트레스가 쌓인다"고 합니다.

"계속 일을 하면서 지낼 수 있었으면 좋겠습니다. 매일 한두 시간이라도 좋으니 일하고 싶어요." 마쓰모토 씨는 "바른 말을 하고, 그것을 제대로 실천에 옮기는" 일본공산당의 활약에 마지막 기대를 걸고 있습니다.

_ *2013년 8월 15일 자*

2장

포기하지 않겠다

(2013년 8월 19일 자 ~ 2013년 12월 30일 자)

이 소송은 '피해자 단결'의 상징

생업 소송 원고 변호단
스즈키 마사키 씨

"후쿠시마에 뼈를 묻을 각오입니다." '생업을 돌려줘, 지역을 돌려줘!' 후쿠시마 원전 소송 원고 변호단의 스즈키 마사키鈴木雅貴 변호사(27세)는 사무국 업무를 담당하고 있습니다.

시즈오카 출신인 스즈키 변호사는 "여행으로 왔던 것 말고는 도호쿠와 별다른 인연이 없었지만, 피해자들을 구제하고 싶다는 마음만큼은 어느 누구에게도 뒤지지 않는다"며 후쿠시마에 뼈를 묻겠다는 각오를 피력했습니다.

◎ 불충분한 현상

이재민들은 '떠나도 지옥, 남아도 지옥'인 상황에 놓여 있습니다. 원전 사고 이후 2년 5개월이 지났지만 지금까지도 15만 명이나 되는 주민이 후쿠시마 현에서 피난민 생활을 하고 있습니다.

"고향을 떠나 피난을 온 사람들도 고민하고 있기는 마찬가지입니다. 열과 성을 다해 가꿔온 커뮤니티가 파괴되어 버림으로써 평온하게 살 권리를 빼앗겨 버렸으니까요."

스즈키 변호사는 도쿄대에서 윤리학을 전공한 후 나고야 시 소재 로스쿨에서 법률을 공부했습니다. 동일본대지진과 후쿠시마 원전 사고가 일어난 2011년 3월 당시 대학원 3년생이었고, 사법수습생 시절 본인의 뜻에 따라 후쿠시마 현에서 연수를 받았습니다.

그는 말합니다. "구제의 현상을 관찰하면서 이런저런 불충분한 면들을 보게 되었습니다." 후쿠시마에 부임한 후부터는 제염 자원봉사에 참여해 왔습니다. 그래서 방사선량이 높은 이른바 '핫스팟'에도 가 볼 기회가 있었습니다. 스즈키 변호사는 그곳에서 "정말 큰일이 일어났다는 사실을 실감했다"고 합니다.

"정부와 도쿄전력이 책임을 져야 하는데, 피해자들 스스로 제염을 할 수밖에 없는 현실입니다. 배상체계도 가해자인 정부와 도쿄전력이 결정하고 있고요. 가해자와 피해자가 뒤바뀌어 있는 꼴이에요"라며 분통을 터뜨립니다.

방사능 수치 3.9마이크로 베크렐이 검출되는 소학교 교정에서 아이들을 뛰놀게 할 것인지의 여부를 놓고 '괜찮다'는 쪽

"눈에 보이지 않는 피해도
봐야 한다"고 강조하는
스즈키 마사키 변호사

과 '위험하다'는 쪽으로 의견이 나뉘어 대립하는 사람들. 손자
가 피난을 간 후 돌아오지 않아 상처받은 할머니, 할아버지….
스즈키 변호사는 "이렇듯 사분오열되어 있던 피해자들의 단결
을 상징적으로 보여주는 것이 생업 소송"이라고 강조합니다.

"가족이 붕괴되고 사람들 사이를 잇는 인연의 끈이 끊어진
상황입니다. 그렇다 보니 저로서도 새삼 이 부분을 강조할 수
밖에 없고요. 부디 사람들이 후쿠시마에서 아직 회복되지 않
고 있는 눈에 보이지 않는 피해를 직시해 주었으면 합니다."

◎ 책임을 명확하게

"더 이상 추락할 곳도 없는 시민들의 삶은 원전 사고로 도
탄에 빠져 있습니다. 이 소송은 그런 이들에게 헌법 13조에 규

정된 평온하게 살아갈 권리를 되찾아 주기 위한 투쟁이지요"라며 소송의 의의를 강조하는 스즈키 변호사. 그는 이 소송에서 원고를 조직하는 역할을 맡고 있습니다. 아울러 9월 중으로 1000명의 제2차 제소를 준비하기 위해 바쁜 나날을 보내고 있습니다.

"정부와 도쿄전력의 책임 소지를 명확히 할 것입니다. 정부와 도쿄전력에 후쿠시마를 원상태로 되돌려 달라고 요구해야지요. 이는 소송의 주목적이기도 합니다. 후쿠시마 원전 사고 피해자들의 목소리에 진지하게, 그리고 보다 성실한 자세로 귀 기울여 주기를 바라고 있어요."

이번 달로 이 소송을 수임한 지 7개월째를 맞는 스즈키 변호사. "시즈오카보다 두 단계 정도 겨울에 춥고, 여름도 덥게 느껴지는" 후쿠시마의 풍토에 적응하기 위해 노력하며 오늘도 집념을 불태우고 있습니다.

_ 2013년 8월 19일 자

사랑의 열매, 열정을 담아

안심 · 안전에 대한 노력으로 JGAP 인증 취득, 과수원 경영자
사토 유키에 씨

후쿠시마 시 이이자카마치飯坂町에 있는 '마루세이まるせい 과수원'에서는 지금 복숭아 수확이 한창입니다.

6월에 출하한 체리를 비롯해 사과, 배, 블루베리, 포도, 감 등 총 7개 품목이 재배되고 있는 이 과수원의 사토 세이이치佐藤清一 사장(43세)과 유키에ゆきえ 씨(42세) 내외는 직장에서 만나 결혼했습니다.

◎ 하나부터 배워온 성실성

샐러리맨 가정에서 나고 자란 유키에 씨. 농사일은 과수원을 시작하면서 처음 경험해보는 것이었지만 타고난 성실성으로 하나부터 배운다는 자세로 최선을 다했습니다. 그 결과 현재는 전국에서 관광객이 몰리는 관광농원의 '광고탑' 역할을

충실히 해내고 있습니다. 그래서인지 명함에도 '간판 아가씨'라고 적혀 있습니다.

남편인 사토 씨의 집은 원래 쌀과 양잠 그리고 채소 등을 재배하는 농가였다가 약 70년 전부터 배, 사과 등 과수로 품종을 전환했다고 합니다. 그리고 여기 다시 체리, 복숭아 등의 품종을 더해 도쿄돔의 1.5배 정도 면적에 해당하는 7.5헥타르 넓이의 과수원을 일구었습니다. 5년 전부터는 녹비로 쓰기 위해 해바라기 재배를 시작했는데, 이것이 1.5헥타르에 총 2만 5000개의 꽃이 피는 '해바라기 과수원'으로 발전하면서 '꽃구경도 함께 할 수 있는 농원'으로도 알려지게 되었습니다.

하지만 2011년 동일본대지진과 도쿄전력 후쿠시마 제1원전 사고가 일어난 후 "연간 8000명에서 1만 명 정도 찾아오던 관광객들은 거의 자취를 감춰" 버렸습니다. "맛이야 있지만 선물용으로는 좀 곤란하다"면서 오랜 단골손님들도 대번에 떨어져 나갔습니다. "'과일왕국 후쿠시마'의 부흥·재생을 위해 이대로 주저앉아 있을 수 없다." 사토 부부와 농원 스태프들은 원전 사고 이후 자신들을 덮친 소문 피해와 맞서 싸우기 위한 각오를 다졌습니다.

◎ **소비자들에게 보낸 편지**

철저한 제염, 재배 기록의 보존 및 공표, 최소한의 농약 사용 및 검사, 수질검사, 농산물 표본 검사 등, 항목만 120개가 넘는 점검표에 근거해 '안전·안심 과수 재배'에 노력을 기울였습니다. 수도권 등에서 열리는 부흥 관련 이벤트에도 매번 참석해 소비자들에게 '검사 내용'을 홍보하는 일에 매달렸습니다.

2011년 5월, 전국적으로 진행된 '후쿠시마 인연 만들기' 이벤트에 참가한 것도 그 일환이었습니다. 유키에 씨는 풍화風化·관광대책 등 여러 가지 구상이 결합된 해바라기 입양 프로젝트에 협력하는 과정에서 "오랫동안 관상할 수 있도록" 해바라기를 심는 시기를 세 번으로 제한하게 되었다고 합니다.

복숭아의 상태를 살펴보고 있는 사토 유키에 씨 = 후쿠시마 시

이러한 노력이 결실을 맺어 마루세이 과수원은 올해(2013년) 식품안전과 환경보전에 노력한 농장에 주어지는 JGAP(일본 GAP협회) 인증을 취득했습니다. "6000명의 관광객이 돌아오는 날"이 눈앞으로 다가온 것입니다.

JGAP 인증을 받은 후, 마루세이 과수원은 소비자들에게 다음과 같은 내용의 편지를 발송했다고 합니다.

"지진 이후 아직 후쿠시마의 농업은 불안정한 상황이지만, 그럼에도 자신을 잃지 않고 맛있고 안전한 과실재배를 위해 노력해온 결과 (JGAP) 인증을 획득하게 되었습니다", "사랑하는 후쿠시마에서 여러분들께 사랑받는 과실을 길러내고 말겠다는 정열을 간직한 채 앞으로도 끊임없이 노력하겠다는 각오로 업무에 임하고 있습니다."

_ 2013년 8월 26일 자

벼농사를 포기할 수 없어

나미에마치 출신
사토 교이치 씨

"좁아터진 곳에 갇혀 언제 돌아갈 수 있을지 알지 못하는 상태에서 아무런 꿈도 없이 지낸 2년 반이었습니다." 후쿠시마 현 나미에마치를 떠나와 후쿠시마 시내 '시노부다이 가설주택'에서 피난생활을 하고 있는 사토 교이치佐藤恭一 씨(71세)와 아내 토미코富子 씨(70세) 부부는 수습의 전망이 보이지 않는 도쿄전력 후쿠시마 제1원전 사고가 앗아간 지난 2년 반 세월을 돌아보았습니다.

교이치 씨는 건설자재를 운반하는 트럭운전수로 일하다 부친이 돌아가시면서 30대에 가업을 잇게 되었습니다.

대지진 이전에는 약 4만5천 제곱미터 조금 안 되는 면적의 논에 고시히카리コシヒカリ(일본 벼 품종의 하나. 도열병에 잘 걸리지만, 양질에 맛이 좋은 것으로 유명하다.—옮긴이)를 재배했습니다. 트

랙터, 콤바인, 건조기 등 농기구 마련을 위해 받았던 융자상환도 끝나 "이제 빚 걱정 없이 농사일에 전념할 수 있겠다"는 기대에 부풀어 있던 참이었습니다.

"언제라도 돌아가면 벼농사를 재개할 수 있을 것"이라고 생각했지만, 느닷없이 마을 사람이 하나도 빠짐없이 피난을 떠나게 된 나미에마치. 사토 씨 부부가 살던 지역은 방사선량이 연간 20밀리시버트 이하로 현재 피난 지시 해제 준비구역으로 지정되었습니다. 그렇다 보니 주간에는 출입이 가능하지만, 아직까지 숙박은 불가능해 그저 "풀베기를 하러 다녀올 정도"일 뿐입니다.

"언제쯤 붙박이로 일할 수 있을지 아직 알 수 없고, 설사 붙박이로 일할 수 있게 된다고 하더라도 쌀을 내다팔 수 있을지에 대해서는 전혀 보증할 수 없는", 다시 말해 농업 재생의 전망이 불투명한 상황인 것입니다.

◎ **우연히 배운 붓꽂이 만들기**

대지진 직후, 사토 씨 부부는 후쿠시마 현 내 피난소를 전전하다 니가타 현으로 피난했습니다. 사토 씨는 그때 피난소의 자원봉사자로부터 펜이나 휴대전화, TV리모컨 등 작은 물건들을 넣어두는 '붓꽂이' 만들기를 눈대중으로 배웠다고 합니다.

사토 교이치 씨가 만든 붓꽂이
= 후쿠시마 시 시노부다이
가설주택에서

그래서 가설주택에서 지내게 되면서부터 "그저 넋 놓고 있으면 어쩌나. 뭐든 해야지"라는 생각에 '부업거리'의 일환으로 붓꽂이 만들기를 시작했습니다. 디자인도 직접 했습니다.

이후 사토 씨는 신일본부인회가 개최한 전시판매에 붓꽂이를 내놓았고, 가설주택에 자원봉사를 하러 온 사람들의 입소문을 통해 평판을 얻어 손님들의 주문을 받는 수준에까지 이르렀습니다.

◎ **"아직 죽지 않았다"**

"후쿠시마의 가설주택에 사는 노인의 마음을 헤아려 주었으면 한다"는 사토 씨. "아직 죽지 않았다"는 메시지를 붓꽂이에 담아내고 있습니다.

사토 씨 부부의 소원은 농업에 복귀하는 일입니다.

벼농사, 채소농사를 포기할 수 없어 가설주택 근처 밭을 빌려 채소 재배를 시작했습니다. "한 100제곱미터 정도 되는 넓이의 밭에 오이와 브로콜리 등을 즐겁게 가꾸고 있다"고 합니다.

토미코 씨는 말합니다. "최근 오염수 문제를 보고 있노라면 나미에마치에 쉽게 돌아가기 힘들 것 같다는 생각이 들어요. 언제 돌아갈 수 있을지 불안하죠. 정부도, 도쿄전력도 더는 진실을 은폐하지 말았으면 좋겠습니다. 최소한 우리가 먹을 것만이라도 직접 밭에서 재배하고 싶으니까요."

_ 2013년 9월 11일 자

내일이라도 바다에 나가고 싶지만

소마 시의 어부
아다치 토시로 씨

"재가동에 들일 돈이 있으면 오염수 대책을 세우고 폐로하는 데 써야지!"

후쿠시마 현 소마 시에서 15세 때부터 고기잡이를 해 온 어부 아다치 토시로安達利郎 씨(62세)는 도쿄전력 후쿠시마 제1원전 사고로 인해 300톤 이상의 오염수 유출 문제가 새롭게 불거진 것에 노발대발하고 있습니다.

아다치 씨는 "이래서야 사람이 살 수가 있나. 예전엔 잘만 잡히던 고기들을 도무지 잡을 수가 없어. 후쿠시마에서 다시 수지를 맞출 정도로 고기를 잡으려면 빨라도 5년, 아니 10년 이상은 걸릴 거야"라며 암담한 심정을 토로했습니다. 그에게 있어 지난 2년 반은 수습의 전망이라고는 보이지 않는 원전 사고로 인해 절망의 나락에 떨어져 지낸 나날들이었습니다.

◎ 출하 못한다

동일본대지진과 도쿄전력 후쿠시마 제1원전 사고 이후 줄곧 조업을 자숙하고 있던 후쿠시마 해안 지역 어민들은 올해 (2013년) 9월 초순 시험 조업 개시를 예정하고 있었습니다. 바로 그 시점에 오염수 문제가 불거진 것입니다. 결국 소마후타마, 이와키 시 어업협동조합은 9월 초로 예정되었던 시험 조업 개시 연기를 결정했습니다. 이후 9월 하순부터 저인망 어선, 10월 초순부터 소형어선을 이용한 멸치 등의 시험 조업 등을

조업 재개를 손꼽아
기다리는 아다치 씨 내외

예정하고 있는 상황입니다.

아다치 씨는 "자망으로 가자미를 잡았지. 사철 어종인데다 고급품이었어. 물고기만 150종류가 잡히던 어장이었거든. 그런데 난데없이 원전 사고가 일어나더니, 이제는 방사능 오염수 문제까지 드러난 거 아냐. 후쿠시마산으로 출하 자체를 할 수 없게 되어버린 거지"라고 한탄합니다.

게다가 한국 정부는 후쿠시마 등 8개 현의 수산물을 모두 수입금지한다고 발표했습니다. 아다치 씨는 말합니다.

"정부는 비겁해. 모든 책임을 다 도쿄전력에만 떠넘기고 있잖아. 자기들이 책임을 지고 어민들과 함께 대책을 세워서 최소한 소문으로 인한 피해만이라도 막아줘야지!"

아다치 씨는 2011년 3월 11일, 일찍 조업을 끝내고 집에 돌아와 있었습니다. 평생 경험해본 적 없는 강도의 진동. 흔들림이 잦아들자마자 6.6톤짜리 본인 소유 어선 신펜마루神変丸가 계류되어 있던 마쓰카와우라로 달려갔습니다.

45도 각도로 기울어져 밀려드는 해일을 맞고 있던 배. 기분 나쁜 해명海鳴과 반복되던 여진.

"풍랑이 그냥 날씨가 나쁠 때랑은 완전히 다른 수준이더라고. 그 상황에 해도 떨어지고, 등대는커녕 도등導燈 불빛 하나 없는 캄캄한 바다 위에서 하룻밤을 보냈어. 휴대폰도 안 터지고. 정보라고는 라디오뿐인데 얼마나 식구들 걱정이 되던지."

◎ 내일이라도 바다에 나가고 싶지만

소마 시에서 대지진으로 목숨을 잃은 사람은 439명.

"바다로 나가는 게 늦어진 배들은 죄다 해일에 휩쓸려 가 버렸지. 간발의 차였어." 3월 12일 아침 6시가 지났을 무렵. 아다치 씨는 마쓰카와우라항에 인접해 있는 소마항으로 돌아왔습니다. 구사일생으로 목숨을 건진 아다치 씨는 "조업이 재개될 날이 반드시 올 것"이라며 지금도 어구 손질과 점검을 게을리하지 않습니다.

"내일이라도 바다에 나가고 싶어."

아다치 씨가 목숨을 걸고 지킨 배는 현재 1700만 엔의 비용을 들여 엔진까지 교체해 놓고 조업 재개를 기다리는 중입니다. 그러나 대지진으로 배를 잃은 사람들은 지금부터 배를 건조해야만 하는 상황입니다. 필요한 장비를 모두 마련할 경우 대략 7000만 엔에서 8000만 엔까지 소요됩니다. 이 모든 내용을 설명하던 아다치 씨는 "저인망 어선의 경우 2억 엔은 든다. 이런 마당에 소비세 증세라니 무슨 어처구니없는 소리냐"며 결국 울분을 토로했습니다.

"원전만 아니었어도 이렇게 고생할 일 없었을 거야. 원전은 제로가 정답이야!"

_ 2013년 9월 13일 자

모든 것을 원상태로 되돌려야

무화과 생산자
다카하시 이사오 씨

"정년퇴임 후에 맞은 제2의 인생이 산산조각 났습니다." 후쿠시마 시내에서 가공용 무화과 품종인 '화이트제노아'를 재배하는 다카하시 이사오高橋勇夫 씨(64세)가 도쿄전력 후쿠시마 제1원전 사고로 입은 피해에 대한 이야기를 이어갔습니다.

◎ 기가 막혀 눈물도 안 나온다

설비 브랜드 회사의 샐러리맨이던 다카하시 씨는 59살 무렵 조기퇴직해 2천 제곱미터의 토지에서 2010년 4월부터 버섯 재배를 시작했습니다. 하지만 이내 원전 사고의 피해 때문에 버섯 재배를 포기했습니다. 원전 사고가 그의 계획을 망치면서 "기가 차서 눈물도 안 나오는" 상황에 직면한 것입니다.

버섯 재배 외에 조부가 하던 무화과 재배 일도 물려받았습니다. 품종은 서양산인 화이트제노아. 잼이나 달게 졸인 가공식품인 감로자甘露煮 등의 재료로 쓰입니다. 농림수산성 통계(2011년)에 따르면, 일본의 5대 무화과 산지는 아이치 현(2814톤, 19.6%), 와카야마 현(2284톤, 15.47%), 오사카 부(1530톤, 10.36%), 효고 현(1282톤, 8.68%), 그리고 후쿠시마 현(1281톤, 8.68%) 등입니다. 후쿠시마 현의 수확량은 전국 15위, 197톤으로 시장점유율은 1.33% 정도에 지나지 않습니다.

다카하시 씨는 "복숭아나 사과 같은 것들에 비해 비교적 재배하는 사람이 많지 않은 과일을 재배해 보자"는 생각으로 무화과의 무농약 재배에 힘을 쏟았습니다. 무화과 재배의 가장 큰 위협은 하늘소. 당시까지 약제로 구제했는데, 얼마 후 바이오리사·카미키리バイオリサ·カミキリ라는 제품이 개발되었습니다.

바이오리사·카미키리는 하늘소에 기생하는 곤충병원성 사상균이 부착된 시트를 무화과나무 줄기와 가지가 갈라지는 부분에 감아둠으로써, 하늘소가 사상균에 감염되어 사멸하게 만드는 미생물 살충제입니다. 시트도 자연적으로 분해되어 따로 회수할 필요가 없기 때문에 환경과 사람, 가축, 기타 유용한 생물에 영향을 끼치지 않는 구제제驅除劑입니다.

◎ 안전 · 안심 우선

"막 개발된 단계라 가격이 비싸기는 하지만, 안전 · 안심을 우선한다는 생각으로 (바이오리사 · 카미키리를) 사용했다"는 다카하시 씨. 하지만 재작년에는 흉작과 방사능 오염 관련 소문 때문에 애써 재배한 무화과 가격이 폭락하는 아픔을 겪을 수밖에 없었습니다. 그럼에도 불구하고 도쿄전력은 전년 매출 기록이 남아있지 않다는 이유로 어떤 배상도 하지 않고 있습니다. "돌아가신 할아버지도 판매 기록을 남기지 않으셨다"면서 억울함을 호소하는 다카하시 씨. 결국 정부와 도쿄전력에 원상회복을 요구한다는 취지에 공감하며 생업 소송에 참가하

무화과의 발육상태를 확인하는
다카하시 이사오 씨
= 후쿠시마 시

게 되었습니다.

다카하시 씨는 현재 약 250그루의 무화과나무를 재배중입니다. 원전 사고 후 새롭게 100그루를 늘렸습니다. 올해(2013년) 4월에 1500그루를 삽목插木해서 내년 4월에 이식할 예정인 다카하시 씨. 안전한 환경을 되돌려 안심하고 먹을 수 있는 과일을 생산하는 것은 인생 후반전의 보람과 직결되는 과제입니다.

그가 단호한 어조로 이야기를 마무리했습니다.

"도쿄전력은 피해자가 청구한 배상금을 제대로 지불해야 합니다. 물론 물도, 공기도, 토지도 모두 원래대로 되돌려 놓아야 하고요."

_ 2013년 9월 30일 자

완전한 수습이 이루어질 때까지

후쿠시마 금요행동에 매번 참가 중인
후쿠치 카즈아키 씨

"방사선량이 높은 장소는 피하고, 외출할 때는 마스크를 씁니다." 후쿠시마 시내 슈퍼마켓에서 일하는 후쿠치 카즈아키福地和明 씨(40세)의 말입니다.

후쿠치 씨는 후쿠시마 시내 광장에서 진행된 '원전 제로, 재가동 반대' 금요행동에 친구를 데리고 참가했습니다.

◎ 자발적으로 나서야

도쿄전력 후쿠시마 제1원전 사고가 일어났을 당시 후쿠치 씨는 본능적으로 '큰일이 났다'는 것을 실감했습니다. 일하던 슈퍼마켓에서 진열한 상품이 사방으로 흩어지고 유리가 깨지는가 하면 스프링클러가 작동해 물바다가 되었습니다. "발 디딜 틈조차 없는, 말 그대로 '지옥'이었다"며 당시를 회상하는 후쿠치 씨.

　며칠간 엉망이 되어버린 매장을 정리하고 생필품을 구하기 위해 줄지어 선 손님들을 맞았습니다. 후쿠치 씨는 "일주일 정도 지난 뒤 영업이 재개됐지만, 원전 사고 이후부터 후쿠시마산 소고기는 사람들이 지금까지도 매입하지 않고 있다"며 원전 사고가 식료품에 끼친 타격에 대해 증언했습니다. 직장이 사고의 충격으로부터 어느 정도 안정을 찾았을 무렵, 후쿠치 씨는 "내가 사는 아파트 주변의 방사선량이 얼마나 될까"

탬버린을 치며 시선을 모으고
있는 후쿠치 카즈아키 씨
= 후쿠시마 시내

신경이 쓰이기 시작했다고 합니다. 그래서 "공산당이라면 측정기를 빌려줄 것"이라는 생각에 일본공산당 후쿠시마 소마지구 위원회를 찾았습니다.

일본공산당 지구위원회는 그런 후쿠치 씨에게 "예상대로 흔쾌히 장비를 빌려주었다"고 합니다. 막상 직접 방사선량을 계측해 본 후쿠치 씨는 놀라움을 금치 못했습니다. "매시간 방사선량이 6.0마이크로시버트나 측정되더라고요. 높아봐야 1~2마이크로시버트쯤일 거라고 생각했는데 충격이었죠." 하지만 경악하며 마냥 손을 놓고 있을 수도 없는 노릇이었습니다. "일단 공산당 시의원과 상담해서 후쿠시마 시에 제염을 요청했습니다. 그 결과 방사선량이 높던 아파트 주변지역에 흙 부대로 토양을 뒤엎는 방법으로 제염이 실시되었습니다. 그 랬더니 방사선량이 0.3마이크로시버트까지 떨어지더군요."

자신의 힘으로 행정당국을 움직인 첫 번째 경험이었습니다.

"주변에 일상적으로 도사리는 방사능의 위협이 '탈원전'을 향한 바람을 더욱 강하게 만들어주었습니다. 자발적으로 나서지 않으면 아무것도 바뀌지 않으니까요."

◎ **완전한 수습이 이루어질 때까지**

후쿠시마 현에서도 금요행동이 진행되고 있다는 것을 알

게 된 후부터 후쿠치 씨는 매번 집회에 참가하고 있습니다.

반복되는 방사능 오염수 누출에도 불구하고 "오염수에 의한 영향은 완전히 통제되고 있다", "건강 문제와 관련해 지금도, 앞으로도 전혀 문제가 없다"고 강변하는 아베 총리.

후쿠치 씨는 강조합니다. "후쿠시마에서 '탈원전'을 요구하는 목소리를 높여야 합니다. 그렇지 않으면 아무것도 바뀌지 않아요. 사고의 완전한 수습이 이루어질 때까지 금요행동에 참가하고 싶습니다." 또한 그는 마지막으로 "아베 총리는 단지 도쿄에서 올림픽을 개최하고 싶어 속내를 털어놓지 않은 겁니다. 그러니 우리라도 후쿠시마에서 일어나고 있는 일들을 사람들에게 정확히 알려야지요"라며 결의를 내비쳤습니다.

_ 2013년 10월 11일 자

태양열 발전으로 원전 제로를

복숭아 · 사과 생산농가
하시모토 미츠코 씨

"원전은 신뢰할 수가 없어요. 자가발전소를 만들 수 있다면 좋 겠는데." 복숭아와 사과를 생산하는 후쿠시마 시내 과수 농가 의 하시모토 미츠코橋本光子 씨(57세)는 도쿄전력 후쿠시마 제1원 전 사고로 인한 과일가격 폭락으로 고통스러워하고 있습니다.

"농협에 출하하면 이전 가격의 3분의 1 정도를 받습니다. 겨우 반값 정도까지 가격이 오르기는 했지만 선물용으로 주문 하던 고객은 엄청나게 줄었어요"라며 원전 사고 이후 2년 반 이상이 지났음에도 여전히 심각한 소문 피해를 호소하는 하시 모토 씨.

동일본대지진이 일어난 3월 11일 하시모토 씨는 고리야마 시에 있었습니다. 가까스로 집에 도착한 것은 저녁 7시가 지 났을 즈음. 창고가 쓰러지는 바람에 온 가족이 매달려 뒷정리를 하는 데만 이틀이 걸렸다고 합니다.

"손자가 밖에 나가지 못하도록 계속 옆에 붙어있어야 했다"는 하시모토 씨. 결국 딸과 손자는 사고 직후부터 작년 9월까지 야마가타 현으로 피난을 다녀왔습니다.

◎ **생산의욕을 빼앗기다**

방사능 피해는 남편의 생산의욕을 빼앗아 버렸습니다. 약 2헥타르의 땅에 복숭아와 사과를 재배하던 하시모토 씨 가족은 그중 약 0.3헥타르에 심어져 있던 사과나무를 베어 버렸습니다. "손길이 미칠 수 있는 범위 안에서 재배를 계속하자"는 생각으로 아예 경작 면적을 줄인 것입니다.

사과의 발육 상태를 확인하는
하시모토 미츠코 씨

"인터넷 판매를 시작해 막 손님이 늘던 참에 원전 사고가 일어났는데 소문 때문에 아무래도 손님들이 돌아오질 않네요"라며 탄식하는 하시모토 씨.

하시모토 씨는 잘 익은 복숭아를 손님들에게 직접 출하해 왔습니다.

"감칠맛이 있고 당도가 높아서 선물용으로 호평을 받아왔어요. 그랬는데 원전 사고로 주문이 반 토막 났습니다. 남은 것들은 일괄적으로 농협에 출하하고 있고요. 그렇다 보니 하루 늦게 도쿄의 시장에 나가게 됩니다. 늦은 만큼 품질이 나빠져 가격도 떨어지게 되죠."

하시모토 씨 댁은 이십여 년 전부터 지붕에 태양열 패널을 부착해 자가발전을 하고 있습니다. 그래서 대지진으로 1주일간 전기가 끊겼을 때도 자가발전으로 전력을 회복할 수 있었습니다. "이웃들이 '휴대전화를 충전하는데 전기를 좀 쓸 수 있게 해 달라'며 찾아왔었다"고 합니다. 이러한 경험은 "원전 제로를 실현해야 한다"는 하시모토 씨의 생각에 더욱 힘을 실어 주었습니다.

하시모토 씨는 요즘 비어있는 농지에 태양열 발전소를 만들어보고 싶다는 생각을 하고 있습니다.

전국농민연합회 후쿠시마 북부지부가 다테 시 료젠마치에 태양열 발전소를 설치한 것에 자극을 받아, 과수 재배를 계속하면서 원전에 의존하지 않고 재생 가능한 자연에너지 발전에 공헌할 수 있는 방법을 고민하고 있는 것입니다.

◎ **생업 소송의 원고로**

원전의 재가동과 해외 수출을 향한 아베 내각의 폭주를 보며 하시모토 씨는 "후쿠시마에 살아보면 우리의 생활이 얼마나 위협받고 있는지 실감할 수 있을 겁니다. 그걸 모르니까 '통제되고 있다'느니 하는 소리를 지껄일 수 있는 거겠지요. 그런 사람이 일본의 대표라니 기가 막힙니다"라며 비판합니다.

하시모토 씨는 바로 이런 이유 때문에 정부와 도쿄전력에 원상회복을 요구하는 생업 소송 원고단이 "결성되자마자 가입했다"고 합니다.

하시모토 씨는 강조합니다.

"모든 것을 되돌리려면 당연히 정부도 책임을 져야 합니다. 손자들이 안심하고 생활할 수 있게 해 주려면 일단 원전 사고 이전으로 모든 것을 원상회복시켜야 하지 않겠어요? 원전 사고라는 인재로 고통 받는 것도 모자라 요즘은 증세까지 더해져 사람들이 궁지로 몰리고 있더군요. 소비세 증세, 절대 반대입니다."

_ 2013년 10월 21일 자

미나미소마에서 '농업 지키기'

최초로 쌀을 시험 재배한 **스기 카즈마사 씨**

농사 2년째 **요코야마 신지 씨**

최근 후쿠시마 현에서는 농민들이 방사능 피해로 경작을 포기하면서 방치되는 토지가 늘고 있습니다. 이러한 가운데 미나미소마 시내의 한 농가가 시험 재배한 벼를 수확해 곤란을 극복하려는 결의를 다지고 있습니다.

◎ 일단은 제염부터

태풍 26호 상륙을 이틀 앞두고 있던 2013년 10월 14일, 미나미소마 시 하라마치原町 구역 카타쿠라片倉에서 벼를 베는 콤바인 소리가 경쾌하게 울렸습니다. 시 차원에서 벼농사를 제한하던 가운데 후쿠시마 제1원전에서 직선거리로 약 21킬로미터 떨어진 이곳에서 3년만의 시험 재배 수확이 이루어진 것입니다.

콤바인을 운전하던 스기 카즈마사杉和昌 씨(51세)는 "농업조합장을 맡고 있기도 해서 올해는 직접 시험 재배에 매달렸다. 아무쪼록 방사능이 검출되지 않았으면 좋겠다"라며 담담하게 미소를 지어 보였습니다.

스기 씨는 원전 사고가 일어나기 전 성우成牛 30마리, 육성우育成牛 25마리를 키우며 2.1헥타르의 무논을 경작하던 농민이었습니다. 원전 사고 발생 이후 일곱 식구가 함께 니가타 현으로 피난을 갔다가 당분간 지낼 아파트가 정해지자마자 혼자 후쿠시마로 돌아왔습니다. 그는 키우던 소들을 직접 처분한 후 성우 16마리, 육성우 9마리로 재출발을 했습니다. 그 사이

시험 재배한 벼를 베고 있는 스기 카즈마사 씨 = 미나미소마 시

부모님들은 집으로 돌아왔지만, 아내와 세 아이들은 아직도 니가타에 머물고 있습니다.

"주변엔 휴업한 사람도 있지만, 나는 농사일밖에 모르는 사람이라…. 일단 소를 키우지 않으면 다음 단계로 나가지 못할 것 같아서 그냥 멈추지 않았어요"라고 말하는 스기 씨. "제염부터 제대로 하지 않으면 사람들이 돌아오고 싶어도 그럴 수가 없잖아요. 어서 모든 것이 원상태로 돌아가기를 바랄 뿐입니다."

◎ 고생 따위 두렵지 않다

요코야마 신지横山真二 씨(46세)는 다니던 회사를 그만두고 농사일을 시작한 지 2년째를 맞았습니다.

"센다이까지 출퇴근을 했었는데 일이 저랑 맞지 않더라고요. 원전 사고의 힘든 기억 때문에 가족들의 반발도 있었고요. 그래도 고향에서 뭐든 해야겠다, 특히 인간의 근원적 문제인 '먹거리'와 관련한 일을 하고 싶다는 생각이 계기가 되었습니다."

요코야마 씨는 미나미소마 시 하라마치 지구에 있는 처가에서 농업연수를 받은 후, 올해(2013년)부터 밭 50아르를 빌렸습니다. "제가 원해서 농업을 시작한 거니까 고생 따위 두렵지 않습니다." 작물은 파 80%, 호박 20%의 비율로 재배하고

다니던 회사를 그만두고 농사일을 시작한 요코야마 신지 씨 = 미나미소마 시

있습니다. "파는 우리와 인연이 깊습니다. 장인께서 파농사로 지역에서 무척 신뢰를 받고 계시거든요. 저도 그렇게 되었으면 합니다."

최근 요코야마 씨는 경작 면적을 확대할 계획을 세우고, 이를 착실히 진행하고 있습니다.

◇ 농림수산성 자료에 따르면 버려진 일본의 농토는 조사가 시작된 1980년 이후 매년 늘어 2010년 40만 헥타르(시가 현에 맞먹는 면적)에 이르렀다고 합니다.

후쿠시마 현의 상황은 그중에서도 최고 수준입니다. 현 당국의 조사에 따르면 후쿠시마 현 내에 방기된 농토는 무려 2만 2394헥타르(2010년). 미나미소마 시는 699헥타르로 다른 지자체와 비교할 때 특히 많다고 할 수는 없지만, 대지진 이후 데이터가 확보되어 있는 경지면적을 비교해 보면 2010년 8400헥타르이던 것이 지진해일 피해 등으로 2011년 6100헥타르로 2300헥타르(27.4%)나 줄었습니다.

_ *2013년 10월 23일*

피난민의 고독사를 막고 싶다

후타바마치 가설주택 자치회장
코가와 타카히사 씨

"피난민의 고독사를 막아야 합니다. 벌써 다섯 분이나 돌아가셨어요."

코가와 타카히사小川貴永 씨(43세)는 후쿠시마 현 고리야마 시에 있는 '후타바마치 · 도미타 · 와카미야마에双葉町·富田·若宮前 가설주택' 자치회장입니다. 현재 이곳에서는 후타바마치 주민 57세대 109명이 피난생활을 하고 있습니다.

◎ 10일 동안 방치되었다

주민들 중 벌써 다섯 사람이 고향에 돌아가지 못한 채 유명을 달리했습니다. 30대, 50대, 60대 각 한 사람과 70대 두 사람.

"30대 남성분은 10일간 발견조차 되지 않았습니다. 아침에 순찰을 돌고 있기는 하지만, 야간이나 휴일 등의 대응책도

검토해야 합니다."

좁은 방, 수면 부족, 운동 부족 등이 피난민들의 건강을 해치고 있습니다. 30대 남성의 사인은 급성심부전이었습니다. 폐기종도 있었고, 나머지는 대부분 심장질환으로 목숨을 잃었습니다.

코가와 씨가 자치회장으로서 특히 역점을 두고 있는 부분은 "모두에게 하루빨리 완전배상이 이루어지고 새로운 출발이 가능해질 때까지 건강하게, 특히 고령인 피난민들의 경우 장수할 수 있도록 돕는 일"입니다. "아무런 배상도 받지 못한 상태에서 목숨을 잃는 분들이 나오고 있다니, 이런 불행한 일이 세상에 또 있을까"라고 느꼈기 때문입니다.

10년 전 도쿄에서 돌아와 과수 재배를 하고 있는 코가와 씨는 3.11 당시 도쿄전력 후쿠시마 제1원전으로부터 2.8킬로미터 지점에 있던 자택 근처에 전원 레스토랑을 짓는 중이었습니다. 여름 오픈을 목표로 외벽공사를 하던 중 지면이 갈라지면서 검은 물이 치솟아 올라오는 액상화 현상(지진 등으로 건물을 받쳐 주는 지반이 액체처럼 되어 건물이 물 위에 떠 있는 것 같은 상태가 되는 현상.—옮긴이)이 일어났습니다. "진동이 심상치 않더라고요."

바다까지의 거리는 고작 200미터. 도망치는 내내 해일이 뒤를 쫓아왔습니다. "간발의 차로 목숨을 건졌습니다. 곧장 아내와 할머니가 계신 나미에마치의 집까지 차를 달렸어요."

나미에마치에 도착해 가족의 안부를 확인한 후 후타바마치로 돌아와 구조 활동에 참가했다가 그곳 주민 센터에 묵었습니다.

주민 센터의 창에는 방사선 측정기가 놓여 있었고, 12일에는 날이 새자마자 방호복이 지급되었습니다. 아침 7시가 지나서였습니다. "30분 후에 배기를 하시고요. 이제 가세요!" 주민 센터장의 지시는 그것뿐이었습니다.

◎ **배상을 요구하며 소송 제기**

약 1600제곱미터 조금 안 되는 토지를 개간해 밤, 감, 매실

포스터를 이용해 사람들에게 어필할 준비를 하고 있던 코가와 타카히사 씨
= 후타바마치·도미타와카미야마에 가설주택에서

등의 수확을 앞두고 있던 참이었습니다. 코가와 씨는 "10년 노력이 단 하루만에 물거품이 되어 버렸다"며 울분을 토로합니다. 양봉에도 착수해 벌꿀을 생산, 도쿄의 유명 백화점에서 브랜드 상품으로 유통되기도 했습니다.

"벌들도 죽어버렸어요. 전멸이었습니다."

이렇듯 인생 자체를 빼앗기는 손해를 입었음에도 도쿄전력의 배상은 미미하기 그지없었습니다. 결국 "가해자가 배상액을 결정하는 것은 본말전도"라는 생각으로 후타바마치·히로노마치広野町·나라하마치, 미나미소마 시 피난민 38명이 총액 약 19억 4000만 엔을 요구하며 제기한 후쿠시마 원전 피난민 소송에 참가하게 되었습니다.

코가와 씨는 "'수습'은커녕 손을 쓸 수조차 없는 상태가 이어지고 있는 것이 원전 사고의 양상"임을 실감합니다.

"방사선량이 낮으니까 바다로 흘려보내도 된다는 발상 자체가 제정신이 아닙니다. 어부들만의 문제가 아니라 토지나 공기 등 일차산업 전체의 문제"라는 코가와 씨. 그는 호소합니다. "피난민들 중에 고령자가 많습니다. 다들 돌아가시기 전에 어서 배상이 이루어져야 해요."

_ 2013년 10월 28일 자

부흥이 요원해진 600년 고찰

원전 피난민 소송 원고단장
하야카와 토쿠오 씨

"정부는 '부흥', '부흥' 떠들어대지만 결국 환상에 불과할 뿐입니다. 속아선 안돼요."

후쿠시마 현 나라하 마치에서 이와키 시로 피난중인 정토종 호쿄지宝鏡寺 주지 하야카와 토쿠오早川篤雄 씨(74세)는 정부의 부흥책을 혹독하게 비판합니다. "피해 지역 주민들의 생활이 개선되어야 비로소 부흥이라고 할 수 있는 건데, 현실은 더 나빠지기만 하고 있어요."

◎ **가슴속에 가득 찬 분노**

하야카와 씨가 주지로 있는 절은 후쿠시마 제1원전으로부터 남쪽으로 15킬로미터 지점에 있는 고찰古刹입니다. 2011년 3월 11일 대지진이 일어났던 당시 "원전은 어떻게 되었을까… 괜찮을 리가 없는데"라는 불안이 엄습했습니다. 하지만 지역의 홍보 무선에서 원전에 관한 정보는 일체 나오지 않았습니다. 그러다 하룻밤을 새고 난 후 돌연 "모든 주민은 피난하라"는 지시가 내려왔다고 합니다. "역시 문제가 있었던 거죠. 머릿속이 온통 하애졌습니다"라며 당시를 회고하는 하야카와 씨.

원전 문제 후쿠시마 현 연락회 대표인 하야카와 씨와 그 동료들은 후쿠시마 현 후타바 군 연안부에 원자력 발전소 건설이 이루어지던 당시부터 사고의 위험성을 지적하며 반대의견을 피력해왔습니다. "역시"라는 표현에는 그런 하야카와 씨의

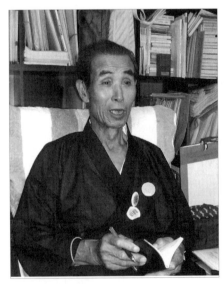

"진정한 부흥이 이루어질 때까지 싸우겠다"는 의지를 밝히는 하야카와 토쿠오 씨

회한이 담겨 있습니다.

1972년 원자력·화력발전소 반대 후쿠시마 현 연락회가 결성되고, 1975년 지역주민 404명이 참여한 가운데 도쿄전력 후쿠시마 제2원전 설치허가 취소를 요구하는 '원전 소송'이 제기되었지만, 결국 1992년 최고재판소가 소를 기각, 패소가 확정된 지 20년 후의 일이었습니다.

정부도, 도쿄전력도, 재판소도 "원고 등이 호소하는 원전의 불안과 위험성에 대한 주장은 위구, 불안의 범주에 속한다"며 진지하게 받아들여주지 않았던 것입니다.

◎ **다음 세대를 위해**

하지만 하야카와 씨와 동료들은 굴하지 않았습니다.

2012년 12월, 후쿠시마 원전 피난민 소송을 후쿠시마지방 재판소 이와키지부에 제기한 이후 올해(2013년) 10월 2일 1차 구두변론이 진행될 당시 진술을 맡은 하야카와 씨는 "1395년 창건, 600년간 자리를 지켜왔던 본존과 8개의 불상이 모두 아파트로 옮겨져 있는 상황이다. 25분의 신자가 돌아가셨는데, 그중 장례식도 치르지 못하고 납골도 하지 못한 분들만 6분이나 된다"며 원전 사고로 고향을 빼앗긴 가혹한 피난생활의 실태를 고발했습니다. 장애인 시설을 운영하는 하야카와 씨는 3월 12일 14명의 장애인들과 함께 피난했습니다. 그리고 시설에서 생활하던 94명의 장애인들은 각자 뿔뿔이 흩어지게 되었습니다. 이후 그중 9명이 유명을 달리한 것입니다.

"원전 사고로 절망해 스스로 목숨을 끊거나 일가가 동반자살한 가족도 있습니다. 목숨을 잃은 사람이 다시 살아 돌아올 수는 없으니 이들에게 부흥이란 영원히 불가능한 일이 된 거죠."

600년 역사를 가진 절을 재건할 전망도 원전 사고로 인한 방사능 오염 때문에 가로막혀 있습니다.

"아이들과 손자들은 돌아오지 않을 겁니다. 손자가 가업을 이을 예정이기는 해도 이곳에 돌아와서 하라는 말은 못 하겠네요."

주지로서의 깊은 고뇌가 배어 나오는 이야기입니다.

지난 시간들이 "앞날이 보이지 않는 어둠 속을 헤매는 2년 8개월"이었다는 하야카와 씨가 말했습니다.

"100년 후, 200년 후를 살아갈 세대들을 위해 여생을 바쳐 투쟁하려 합니다. 진정한 의미에서의 부흥이 이뤄지는 날까지 말입니다."

_ 2013년 11월 5일 자

구니미마치 산 곶감에도 타격

원전 사고에 손해배상을 청구한

하타 후미오 씨

"전적으로 구니미마치国見町의 입장에 서서 싸울 겁니다."

도쿄전력 원전 사고 손해배상을 요구하는 (후쿠시마 현) 구니미마치 모임의 대표 운영자를 맡고 있는 하타 후미오秦二三男 씨(58세)의 말입니다. 하타 씨는 정부와 도쿄전력에 원상복구와 손해배상을 요구하는 '생업을 돌려줘, 지역을 돌려줘!' 후쿠시마 원전 소송 원고단의 일원으로, 후쿠시마 현 다테 군 구니미마치의 원고 20명을 통솔하고 있기도 합니다. 원래는 '원전 철폐와 배상을 요구하는 모임 후쿠시마 북부지부'라는 명의로 도쿄전력에 직접 청구를 진행했습니다.

◎ 배상에 불응한 도쿄전력

그렇게 교섭이 반복되었지만 도쿄전력은 끝내 손해배상에

응하지 않은 채 소송 절차를 밟기 시작했습니다.

하타 씨는 3천 제곱미터 조금 안 되는 논을 경작하며 청소 공장에서 일하는 겸업농^{兼業農}입니다. 구니미마치는 후쿠시마 현 최북단에 위치, 북으로는 미야기 현 시로이시^{白石} 시에 접한 신타츠^{信達}분지의 비옥한 토지로 인해 지역 유수의 종장^{種場}으로서 양질의 볍씨를 생산하고 있습니다.

"구니미산 고시히카리는 니가타 현 우오누마^{魚沼}산에 뒤지지 않는 맛과 풍미로 후쿠시마산 브랜드 유지에 일익을 담당해 왔다"고 설명하던 하타 씨는 "방사능에 오염된 토양을 어떻게든 원상태로 돌려놓을 것"이라며 의지를 보였습니다.

수확이 끝난 논을 바라보고 있는 하타 후미오 씨

구니미마치에는 기원전 3세기경부터 벼농사를 시작했다는 코묘지光明寺 산전山田 유적과 이시모다石母田의 와츠타割田 유적 등이 있을 정도입니다. 그런 유서 깊은 산지에서 생산되어 30킬로들이 한 자루에 8천 엔을 호가하던 고시히카리가 요즘에는 6천 엔, 심지어 5천 엔까지 가력이 하락했습니다. 독자적으로 개척한 판매 루트의 소비자들도 구입을 중단하는 추세입니다.

방사능 오염은 쌀만의 문제가 아닙니다. 구니미마치 특산품인 복숭아, 사과, 감 등의 청과물도 이런저런 소문으로 타격을 입었습니다. 반건시의 경우 2011년과 2012년 2년 연속으로 생산자숙生産自肅 상태이다가 올해(2013년) 방사성 물질 검사 결과 기준치를 밑도는 것으로 판명된 다테 시 코오리마치桑折町, 그리고 구니미마치 일부 지역이 가공 재개 모델지역으로 선정되면서 그나마 한정적으로 생산을 재개했습니다.

모친과 둘이서 살고 있는 하타 씨는 동일본대지진이 일어났을 당시 교대근무 때문에 밤 8시까지 공장에 머물러 있어야 했습니다. 퇴근을 하고 집에 돌아왔을 때 어머니의 모습이 보이지 않아 피난처로 달려가 보았더니 이웃 사람과 함께 안전하게 피신해 있었다고 합니다. 하타 씨는 말합니다. "제 바람은 올해 87세가 되시는 어머니의 안전을 지켜 드리는 것뿐입니다."

그토록 소중한 어머니가 가꾸시던 채소를 방사능 오염 때문에 더 이상 먹을 수 없게 되었습니다. 또한 삶의 보람을 잃어버린 어머니도 기력을 잃고 최근 알츠하이머 증세까지 보이고 계십니다.

"원전 사고로 피난을 가고 싶어도 그럴 수 없는 사람이 있습니다. 가족 중에 버려두고 갈 수 없는 약자가 있는 경우죠. 정부는 이런 사람들에게 무엇을 해 주어야 할지에 대해 아무런 생각도 하고 있지 않아요."

◎ 지역의 중심이 되어

사고 이후 구니미마치의 인구는 1만 명 이하로 줄어들었습니다.

"토지는 여전히 오염된 상태입니다. 원전을 추진해 온 정부와 도쿄전력은 아무런 책임도 지지 않고 있고요."

주민자치회의 부회장을 맡고 있는 하타 씨는 "지역의 중심이 되어, 재판에서의 승리를 통해 지역 재생의 돌파구를 열고 싶다"는 포부를 내비치며 말을 이었습니다. "원전의 재가동과 수출에 반대합니다. 또한 원전 사고의 진실을 밝히지 못하게 하려는 비밀보호법은 폐지되어야 마땅합니다."

_ 2013년 11월 18일 자

총리의 폭언을 막는다

후쿠시마 금요행동에 매번 참가중인

아베 유지 씨

매주 금요일 후쿠시마 시내에서 진행되는 원전 제로 금요행동에 한 번도 거르지 않고 참가중인 아베 유지阿部裕司 씨(44세, 후쿠시마 시 거주). 아베 씨는 '재가동 반대', '원전 제로', '전기는 충분하다' 등의 짧고 강렬한 구호들로 난생 처음 사람들 앞에서 자신의 의견을 강력히 표명해보았다고 합니다.

◎ **피난도 쉽지 않았다**

아베 씨도 "피난을 가지 않고 후쿠시마 시내에서 지내도 정말 괜찮을까"하고 고민했던 적이 있습니다. 그러나 늙으신 어머니와 둘이서 지내는 아베 씨가 후쿠시마에서 벗어나 피난을 가기란 말처럼 쉬운 일이 아니었습니다.

"원전을 '제로'로 하는 것 외에 다른 방법이 없지 않나요.

금요행동에 참가중인 아베 유지 씨

후쿠시마 내에서 이러한 내용에 대해 어필하는 것은 남다른
의미가 있습니다. 더 이상 오염수가 '완전히 통제되고 있다'는
등 아베 총리의 터무니없는 발언을 막기 위해서라도 금요행동
을 계속 이어가고 싶어요."

아베 씨의 말에서 강한 확신이 느껴집니다.

"사실 그전까지 원전은 안전하다는 소리만 들었거든요."
그렇다 보니 아베 씨도 한때 별 생각 없이 원전 건설에 찬성했
다고 합니다. J빌리지 스타디움에 도쿄전력 여자 축구부 '마리

제Mareeze'를 응원하러 다니기도 했습니다.

"좋아하던 사메시마 아야鮫島彩 선수와 마루야마 카리나丸山桂里奈 선수가 소속되어 있어서 매번 경기를 보러 갔었어요."

'안전 신화'에 대한 아베 씨의 믿음이 단숨에 깨져버린 것은 2011년 3월 11일 이후입니다. 20킬로미터 권역 내 주민들의 피난이 시작되었을 당시, 아베 씨는 후쿠시마 시내에서도 매시간 20마이크로시버트를 넘는 방사선량 측정치가 관측되는 지점이 있는 것을 보고, "후쿠시마 시내도 위험하다"고 생각했습니다. "그래서 자력으로라도 피난을 가고 싶었지만 쉽지 않았습니다. 당시 아버지도 살아 계셨기 때문에 부모님과 함께 피난을 간다는 건 무리였거든요. 그렇다고 혼자 도망갈 수도 없는 노릇이었고."

지진 당일에는 정사원 일자리를 찾아보느라 헬로 워크에 가 있었습니다.

"엄청난 진동에 건물 전체가 흔들리는데, 정말 이러다 죽는 거 아닌가 싶더라고요. 천정이 무너져 내리고 직원들은 너나할 것 없이 책상 밑으로 기어들어갔습니다. 가까스로 집에 돌아와 부모님이 무사하시다는 걸 확인했지요."

정전은 면했지만 수돗물은 끊겼습니다. 그리고 한동안 급수차에서 물을 공급받는 날이 이어졌습니다. 게다가 원전 사고 관련 TV 보도도 그다지 낙관적이지 않았습니다.

◎ 친구의 권유

아베 씨는 인터넷으로 피난 관련 정보를 알아보던 중 후쿠시마 금요행동에 대해 알게 되었고, 마리제의 경기를 보러 다니다 알게 된 친구의 권유로 직접 참가까지 하게 되었습니다.

원전 사고에 관한 정보를 은폐할 수도 있는 비밀보호법 성립과 관련해 아베 씨는 최근 강한 위기감을 느끼고 있습니다.

"절대로 통과되어서는 안 됩니다. 지금도 후쿠시마 주민들은 도쿄전력의 거짓 정보 때문에 충분히 혼란을 경험하고 있어요. 그런 법제 따위, 절대 믿을 수 없습니다. 오직 사실에 기반을 둔 정보를 통해서만 사람들의 안전·안심이 확보될 수 있다고 생각해요."

_ 2013년 11월 23일 자

원전 건설에 반대로 일관

소마 · 후타바 어업협동조합 우케도호시키회 회장
시가 카츠아키 씨

"(오염수가) '완전히 통제되고 있다'느니, 그런 말 같지 않은 소리 좀 하지 말았으면 좋겠습니다."

소마 · 후타바 어업협동조합 우케도호시키請戸ホシキ회 회장 시가 카츠아키志賀勝明 씨(65세)는 불편한 심기를 감추지 못했습니다.

"정말 분통이 터져요. 제가 함박조개 잡이를 1980년부터 30년 이상 했습니다. 그렇게 '완전히 통제되고 있다'면 도대체 왜 조업이 재개되지 않는 겁니까? 우리는 어떻게 살라고요!"

◎ **따돌림당하다**

시가 씨는 미나미소마 시 오다카 구 해안 부근 무라카미上村에서 태어났습니다. 집안은 대대로 반농반어半農半漁 생활을 해왔고, 시가 씨는 고등학교를 졸업하면서부터 가업을 이어받았습니다. 그렇게 약 2만5천 제곱미터 조금 안 되는 논을 경작하다 "더 이상 농업은 비전이 없다"는 생각으로 30대 시절부터는 어업에 더 비중을 두기로 결정, 고기들이 유영·통과하는 장소에 그물을 드리우고 어획을 하는 자망조업으로 가자미와 넙치를 잡아왔습니다. 하지만 자망조업은 그물 값 등이 많이 들어 이익률이 높지 않았기 때문에 이내 함박조개 잡이로 전환했다고 합니다.

1973년, 시가 씨의 나이 25살 때의 일이었습니다. 도쿄전력의 제2원전 건설계획이 구체화되었습니다. 그리고 같은 해

"한 번이라도 좋으니
후쿠시마에 와서 직접 눈으로
확인들 좀 했으면 좋겠다"고
호소하는 시가 카츠아키 씨

9월, 원전 건설의 시비를 묻는 공청회가 후쿠시마 시에서 열렸습니다. 당시 시가 씨는 반대 입장에서 의견진술을 했습니다.

어업관계자의 대부분이 '건설 찬성' 입장에 서 있었기에 시가 씨는 역풍을 맞고 '따돌림'을 당할 수밖에 없었습니다. "동료 어부들이 말도 안 붙이는 것은 물론 '먼 바다에서 문제가 생겨도 도와주지 않겠다'는 위협까지 했다"고 합니다.

하지만 시가 씨는 굴하지 않고 후쿠시마 제2원전 건설 중지 소송 원고단에까지 가담했고, 그 결과 나미에마치 우케도 어업협동조합 청장년부에서 제명되었습니다.

그래서 "바다에서도 내 몸은 내가 지킬 수밖에 없다"는 생각으로 언제나 윤활유, 연료, 냉각수 등을 확실히 점검한 후 조업을 나갈 수밖에 없었습니다.

◎ **소수의견의 배제 없이**

하지만 그런 엄혹한 상황 속에서도 시가 씨는 지역 주민들에게 신망이 두터웠습니다. 그래서 1975년, 27살 때 구^舊 오다카초 연합청년단 단장을 맡게 되었습니다. 1968년 도호쿠전력이 '나미에·오다카 원전' 건설을 발표했을 때는 이를 어떻게든 저지하기 위해 청년단이 중심이 되어 일본과학자회의의 전문가를 초빙, 강연회를 열기도 했습니다. 청년단 주최로 열린 원전 문제 학습회는 유치에 찬성하든 반대하든 기탄없이 서로의 의견을 털어놓고 소수의견을 배제하지 않는 분위기에서 사안을 결정할 수 있어 좋았다고 회고합니다.

'나미에·오다카 원전' 건설계획은 2013년 3월 미나미소마 시의회와 나미에마치의회 등 관련 지자체가 반대를 결정하면서 무산되었습니다.

"원전에 의존하는 에너지 정책은 후쿠시마 원전 사고를 통해 실패했다는 것이 명백히 드러났습니다. 그런데도 반성하지 않고 재가동을 시키려 하고 있지요. 수출까지 하고…. 용서 못해요. (아베 총리는) 당장 사퇴해야 합니다. 정말 분노를 억누를 길이 없습니다."

소마·후타바 지역에서는 오늘도 구역장 모임을 중심으로 완전배상을 요구하는 투쟁이 계속되고 있습니다.

_ 2013년 11월 24일 자

원전도 전쟁도 생활을 파괴한다

후쿠시마 원전 소송 원고

가네마루 미치코 씨·남동생 지카마사 씨

후쿠시마 현 소마 시에 사는 가네마루 미치코金丸道子 씨(84세)와 가네마루 지카마사金丸親正 씨(77세)는 '생업을 돌려줘, 지역을 돌려줘!' 후쿠시마 원전 소송 원고입니다. 두 사람은 모두 태평양전쟁을 체험했습니다.

기독교 신자이기도 한 미치코 씨는 "모두들 평온하고 행복하게 살았으면 좋겠다. 전쟁도 원전도 평화로운 생활을 파괴할 뿐"이라는 생각으로 재판에 참여하고 있습니다.

◎ **중국에서 맞은 종전終戰**

전쟁이 끝나던 해 미치코 씨는 16살, 동생 지카마사 씨는 9살이었습니다. 치과의사셨던 부친은 전쟁이 일어나기 전에 중국으로 이주해 랴오닝遼寧성 잉커우營口에 병원을 차렸지만,

50세 무렵 지병으로 돌아가셨습니다.

그 후에는 오빠가 현지에서 일본인이 경영하는 마그네슘 공장에서 일해 생활을 꾸렸습니다. 여학교를 졸업한 미치코 씨도 사무원으로 일했습니다.

8월 15일 잉커우에서 종전을 맞고 소련군이 침공해오자 "8월 29일 오후 5시까지 잉커우를 떠나라, 남아 있으면 총살한다"는 명령이 내려왔다고 합니다. 그래서 갈아입을 옷도 챙기지 못한 채 다스차오大石橋 시에서 '철鐵의 도시'라 불리던 안산鞍山 시로 향했습니다. "다스차오에서는 주로 마루 밑에서 숨어 지냈습니다. 시가전도 벌어지고 약탈도 있었거든요. 그 와중에 참 잘도 살아남았구나 싶어요." 중국인이 입고 있던 옷을 사 입고 현지인처럼 위장해 가까스로 도망칠 수 있었다고 합니다.

소련군이 잉커우와 다롄大連의 항만시설을 모두 이용하지 못하게 했기 때문에 가네마루 씨 일가는 후루다오葫蘆島에 있는 항구까지 가서 일본행 배를 타야 했습니다. 수심이 깊은 부동항인 그곳에는 대형선박이 정착해 있었다고 합니다.

후루다오에서 1진으로 2489명이 귀국길에 올랐습니다. 매일 7척의 귀국선이 1946년부터 몇 년에 걸쳐 하카타博多항으로 향했고, 그렇게 1948년까지 약 100만 명이 일본으로 돌아왔습니다.

"우리가 탄 배는 화물선이었습니다. 여자와 아이들은 뒤로 밀려났지요. 제대로 먹지를 못하다 보니 나눠 주던 주먹밥이 얼마나 맛있던지…"하며 당시를 술회하는 미치코 씨. 하지만 지카마사 씨는 "된장국에 구더기가 떠 있었다"고 증언했습니다.

하카타 항에 도착한 가네마루 씨 일가는 1946년 8월 29일, 누이가 결혼해 살고 있던 소마 시로 돌아와 정착하게 되었습니다.

◎ 영원한 평화를 염원하며

미치코 씨는 말합니다. "그로부터 60여 년, 어머니와 언니를 보내고 저는 84살이 되었습니다. '9조의 회'에 가입해 전쟁

원고단의 증언집을 보고 있는 가네마루 남매

이 다시는 일어나지 않도록 하는 일에 여생을 바쳤어요. 그런 중에 뜻하지 않게 원전 사고 피해지역에 살게 된 겁니다. 다음 세대들이 영원한 평화 속에서 행복하게 살기를 바랄 뿐입니다."

지카마사 씨는 "전쟁을 결코 용납해서는 안 된다"면서 "원전을 철폐하고 재가동도 불허해야 한다. 게다가 수출까지 한다니 상식 밖의 일"이라며 정부의 원전 우선 에너지 정책에 항의합니다.

"(원전 사고 이후) '후쿠시마 출신 며느리를 들이면 안 된다'는 소리를 듣는 후쿠시마 여성들이 부지기수입니다. 아이들과 손자들을 위해서라도, 소마 시가 안심하고 안전하게 살아갈 수 있는 곳이라는 사실을 입증하기 위해서라도 정부와 도쿄전력에 원상회복을 요구할 겁니다."

_ 2013년 11월 25일 자

원전 사고 증언록의 완성

전 NHK 디렉터

네모토 히토시 씨

후쿠시마 시에 사는 네모토 히토시^{根本仁} 씨(65세)는 도쿄전력 후쿠시마 제1원전 사고를 보면서 "지금이야말로 원전을 멈춰야겠다"고 강하게 결심했다고 합니다.

네모토 씨는 1971년 대학을 졸업하고 NHK에 입사했습니다. 첫 부임지는 나가사키 현의 사세보방송국이었습니다. 7년간 나가사키에서 취재활동을 하며 알게 된 것은 "아직 인류는 핵을 통제할 수 없다"는 사실이었습니다.

나가사키에 투하된 플루토늄형 원폭은 몇 만 명이나 되는 사람의 목숨을 앗아갔고, 살아남은 사람들과 피폭 2세들도 지금까지 후유증으로 고통받고 있습니다. 네모토 씨는 이런 모습들을 지켜보며 "핵은 인간 사회와 양립할 수 없다"고 확신하게 되었습니다.

◎ 원전 소송 참가

또한 그런 생각은 후쿠시마 원전 사고 이후 더욱 강해졌습니다.

그래서 정부와 도쿄전력에 원상복구와 위자료를 청구한 '생업을 돌려줘, 지역을 돌려줘!' 후쿠시마 원전 소송에 참여하게 되었습니다.

원고단에서 네모토 씨가 맡은 역할은 증언집 만들기였습니다. 나가사키에서의 경험을 활용해보고 싶다는 생각에서였습니다. 1968년 《나가사키의 증언》이 출판된 지 10년 후, 《계간 나가사키의 증언》이 발행되었습니다. 제2차 증언운동의 시작이었습니다. 네모토 씨는 "전근을 다닐 때마다 책자를 가지고 다니며 소중히 보존"해 왔습니다.

◎ '비밀법' 저지

네모토 씨는 일단 원고단·변호단 합동 회의에서 증언집 제작을 제안, 승인을 받았습니다. 그리고 올해(2013년) 10월 최초의 증언집 《우리 아이들, 그리고 미래 일본의 아이들에게 − 우리가 지금 전해야 할 것들》이 완성되었습니다.

네모토 씨는 후쿠시마 현 니혼마쓰 시에서 태어났습니다. 2005년 6월 NHK를 정년퇴임하기까지 디렉터로서 드라마, 다큐멘터리, 음악 프로그램, 라디오 프로그램 등 다수의 작품

매일 후쿠시마역 동쪽 출구 앞에서 비밀보호법 반대를 호소하는 네모토 씨

제작에 관여해 왔습니다.

그리고 퇴직 후에는 어머니가 계신 자신의 생가에서 남은 생을 보내기로 결정했습니다.

"아버지는 농부셨습니다. 후쿠시마 농부들은 진중하고 조심성이 많지요. 냉해로 고통받고 빈곤과 가난에 시달려온 역사를 가지고 있는 까닭에 그런 기질을 갖게 되었습니다. 그런 사람들이 오죽하면 재판까지 걸었겠습니까. 앞으로 진실을 밝히고, 그에 기반한 능동적 활동을 벌임으로써 원상회복을 이뤄 내야죠."

"원전 사고와 관련한 많은 사실이 은폐되고 있다"고 생각하는 네모토 씨는 "재판을 통해 주요한 사실들을 밝혀내야 한다"는 생각을 가지고 있습니다. 또한 "진상을 규명해야 할 과제가 아직 수없이 많다. 그렇기 때문에 중요한 사실을 은폐하는 비밀보호법을 반드시 저지해야 한다"는 신념을 가지고 반대운동에 적극적으로 참여하고 있습니다.

_ 2013년 12월 1일 자

다시 가게 문을 열 때까지

라멘집 주인
다카기 미츠오 씨

"연어들이 강물을 거슬러 오르는 오다카에 살고 싶어."

도쿄전력 후쿠시마 제1원전 사고 이후 2년 9개월, 후쿠시마 현 미나미소마 시에서 피난중인 다카기 미츠오高木光雄 씨 (70세)는 늘 고향생각 뿐입니다.

◎ **정든 가게가 그리워**

오다카의 천변에선 물보라를 일으키며 강물을 거슬러 오르는 연어들을 볼 수 있었습니다. 하지만 다카기 씨는 여생을 보내기로 했던 집으로 돌아가지 못하고 있습니다. 오다카는 피난 지시 해제 준비구역이라 낮에만 출입할 수 있고 숙박이 불가능하기 때문입니다.

다카기 씨는 '윤기 있는 면발'로 주민들에게 사랑받던 라멘

집 주인. "손님들이 맛있게 라멘 먹는" 모습을 지켜보는 일은 삶의 보람이었습니다.

맛있는 라멘을 만들 수 있었던 비결은 '진심'. 늦은 밤 국물을 우려 아침 6시부터 손님들에게 내놓을 수 있도록 준비했습니다. 파는 굳어지지 않도록 지산지소地産地消로 미나미소마 시의 농가에서 직접 매입해 사용했습니다. 그렇게 깊은 맛이 우러나면서도 산뜻한 '도쿄식 돈코츠豚骨 라멘'을 만들어온 지 10년이 넘었습니다. 다니던 회사를 그만두고 요식업에 뛰어든 다카기 씨가 라멘집을 하게 된 것은 "경영을 맡아 달라"는 친구의 부탁 때문이었습니다. 순조롭게 매출을 늘려 3년 만에 가게에 걸려 있던 빚도 다 갚았습니다.

그리고 '이제부터'라며 의욕을 불태우고 있던 참에 동일본 대지진이 일어난 것입니다. 바다에서 3킬로미터 지점에 있던 집과 가게가 바닷물에 휩쓸렸습니다.

3월 11일 당일, 일단 차에서 하룻밤을 보낸 다카기 씨는 이튿날 중학교 체육관으로 피난했습니다. 그리고 13일 저녁 "원전이 폭발했다"는 소식을 듣자마자 차를 몰고 니가타 방면으로 향했습니다. 그 후 아이즈와카마쓰会津若松 시, 미야기 현, 사이타마 현 등을 전전하다 미나미소마 시 하라마치原町의 임대주택으로 이주했습니다. 지진재해 자원봉사자들의 지원으로 가게는 깨끗히 정리되었지만, 주민들이 돌아오지 않으면 영업

"주변 사람들의 상황이 나아지지
않으면 부흥이 진척될 수 없다"고
말하는 다카기 미츠오 씨

재개는 무리입니다. 그래서 다카기 씨는 원상회복과 손해배
상을 요구하는 '생업을 돌려줘, 지역을 돌려줘!' 소송에 참가하
게 되었습니다.

다카기 씨는 "지진해일 피해뿐이었다면 벌써 영업을 재개
할 수 있었겠지만, 원전 사고로 인한 방사능 오염 때문에 이제
영업권 전체에 대한 지역재생이 이뤄지지 않으면 가게를 다시
시작할 수가 없다. 도쿄에 살고 있는 아들과 손자도 더 이상 후
쿠시마로 놀러오지 않는다"며 애통한 심정을 토로했습니다.

◎ 많은 것을 앗아간 원전 사고

배상과 관련한 도쿄전력의 자세가 '횡포'에 다름 아니라고 느꼈다는 다카기 씨. "가해자들이 멋대로 배상의 기준을 정하고 있다. 피해자 청구분의 7~8할 정도밖에 배상해 주지 않는다"며 비판합니다. 3차 구두변론에서 후쿠시마지방재판소 시오미 나오유키潮見直之 재판장은 동일본대지진 이전에 일어난 지진이나 지진해일이 원전에 주었던 영향을 시산試算한 모든 자료를 개시하라고 명령했습니다.

"비밀보호법이 성립되어 있었다면 기밀로 취급되어 법정에 그런 자료를 제출할 수조차 없었을 겁니다. 정부가 곤란해질 만한 자료를 은폐하는 데 악용될 수 있는 그런 법, 저는 절대로 반대예요."

_ 2013년 12월 2일 자

비밀보호법은 원전도 은폐할 것

미나미소마 시 금요행동에 참가한
가와구치 료이치 씨

가와구치 료이치川口良市 씨(75세)는 태평양전쟁 종전 당시 정부 발표를 듣다가 "반드시 이긴다면서 큰소리칠 땐 언제고"하는 생각에 코웃음을 쳤다고 합니다.

나고 자란 곳은 야마나시 현. 결혼하면서부터 아내 토요코豊子 씨(72세)의 친정이 있던 후쿠시마 현 미나미소마 시에 살게 되었습니다.

가와구치 씨의 조모는 '군국軍國 할머니'였습니다. 그래서 매일 후지산을 향해 일본이 전쟁에 이기게 해 달라며 빌었다고 합니다.

"어른이 되면서 알게 된 것은 할머니 이야기가 다 새빨간 거짓말이라는 사실이었습니다."

◎ "원전은 제로에"

하지만 이는 원전 사고와 관련해서도 마찬가지였습니다. 주민회관 관리인을 맡고 있던 토요코 씨는 부인회가 주최하는 도쿄전력 후쿠시마 제1원전 견학회에 종종 동행한 일이 있었습니다. 가와구치 씨는 말합니다. "다녀와서 도쿄전력에서 들었다는 이야기를 해주더라고요. (원전이) 얼마나 안전한지 뭐 그런 내용이었는데, 그런 말들을 들으면서 부지불식간에 안전 신화에 완전히 속아 넘어가게 된 거죠."

하지만 원전 사고는 그런 환상을 단숨에 산산조각 내 버렸습니다. 대지진으로 일어난 지진해일은 사촌 내외를 삼켜 버렸습니다. 가와구치 씨는 행방불명된 사촌의 안부를 확인하기 위해 동분서주했습니다.

그렇게 수색이 진행되던 중, 원전 사고는 염두에도 두지 않고 있던 가와구치 씨의 휴대전화로 딸이 보낸 메일 하나가 도착했습니다. "긴급 상황이니까 어서 필요한 물건만 챙겨 피난 준비를 하세요."

토요코 씨가 말했습니다. "아직 안부 확인도 못한 상황에서 정신없이 사람을 몰아치는 명령이었지요."

그 와중에 중학교에 다니는 외손자가 "할아버지! 원전이 폭발했대! 얼른 피난 가요. 피난!"하며 현관문을 박차고 뛰어 들어 왔습니다.

가장假裝을 하고 선전행동에 참가 중인 가와구치 료이치 씨(왼쪽) = 미나미소마 시

　반신반의하는 상태에서 2대의 차에 나눠 타고 눈보라가 몰아치는 아이즈를 경유, 니가타 현 아가노阿賀野 시 '오두연봉五頭連峰 소년 자연의 집'으로 피난했습니다.

　토요코 씨는 돌발성 확장형 심근증을 앓는 특정 질환 의료 대상자입니다. 그래서 미나미소마 시의 의료지정 병원이 진료재개를 하고 나서야 집으로 돌아오게 되었습니다. 피난 개시로부터 50일이 경과한 시점이었습니다. 결국 사촌의 사망 사실을 알게 된 것은 5월 5일 미나미소마 시로 돌아온 후의 일이었습니다.

　"일본은 물론 전 세계의 원전정책을 전환시켜 원전을 철폐해야 합니다. 원전 제로야말로 인류의 지혜지요. 늘 이 점을 가슴에 새기고 있습니다"라고 말하는 가와구치 씨. 언제나처럼 요즘도 미나미소마 시 하라마치 구역 도서관 앞에서 원전 제로를 위한 금요행동에 열심입니다.

◎ 가장을 하고 대중에게 호소

가와구치 씨는 금요행동이 있을 때 가장을 하고 거리에 나갑니다. 매번 "열과 성을 다하고 있다"는 가와구치 씨. 가장을 위해 미용사에게 부탁해 3시간 동안 분장을 합니다.

도서관 앞에는 원전 작업원들이 묵는 비즈니스호텔이 있습니다. 그래서 작업을 끝낸 노동자들이 "그러면 우리 일이 없어지잖느냐"며 핀잔을 줄 때도 있습니다.

그럴 때마다 가와구치 씨는 오히려 "폐로가 될 때까지 여러분의 기술은 필요합니다. 위험수당은 제대로 받고 계세요? 안전 확보 문제까지 포함해서, 작업원의 생명과 건강을 지키는 일도 중요합니다"라고 호소합니다.

"전쟁과 원전은 인류를 멸망시킨다." 가와구치 씨가 금요행동에 나설 때마다 내거는 플래카드의 슬로건입니다.

"비밀보호법은 국민의 눈과 귀를 막은 전전戰前의 대본영 발표와 같습니다. 원전의 안전과 관련한 정보들을 은폐하게 될 것이기 때문입니다. 따라서 비밀보호법에 맞서는 일은 원전 제로 투쟁과도 그 맥락을 같이 한다고 볼 수 있습니다."

_2013년 12월 11일 자

청년기의 경험을 되살려

낙농인
사사키 겐조 씨

"후쿠시마에서의 실천은 국제적으로도 큰 의미가 있습니다. 국제사회의 최전선에서 원전 제로를 지향하며 살기 좋은 향토를 만들고 싶어요."

후쿠시마 시에서 낙농업을 하고 있는 사사키 겐조佐々木健三 씨(72세)는 도쿄전력 후쿠시마 제1원전 사고 직후부터 "극한 상황에 놓인 심각한 사태의 타개를 위해" 활동을 계속하고 있습니다.

◎ 하루에 400킬로그램 폐기

사고 직후 우유를 하루에 400킬로그램이나 폐기처분했습니다. 폐기 작업은 50일간 계속됐습니다. 목초를 확보하기 위해 농민운동 홋카이도 연합회의 지원도 받았습니다.

사사키 씨가 소속된 농민운동전국연합회(농민련)는 대지진·원전 사고가 일어나자마자 신속하게 이재민 지원을 전국에 호소하고 채소, 쌀 등의 식료품 지원에 전력을 기울였습니다. 사사키 씨는 2001년부터 2007년까지 이 단체에서 회장을 맡기도 했습니다.

사사키 씨는 1959년 후쿠시마 현 소재의 농업고등학교를 졸업했습니다. 18세 때였습니다. "근처의 낙농업을 하는 집으로부터 4개월 된 송아지 한 마리를 구입한 것이 낙농 인생의 시작"이었다고 합니다. 원전 사고는 그렇게 시작된 사사키 씨의 수십 년 고생을 한순간에 물거품으로 만들어버렸습니다.

배상을 요구하며 몇 번이나 상경해 거적 깃발을 세우고, '헤이세이平成(일본이 1989년 이후 현재까지 사용하고 있는 연호年號. ─옮긴이)의 농민봉기'라 불리는 도쿄전력과의 직접교섭을 진행해 왔습니다.

한편으로 희망을 잃은 동료 낙농인들의 자살도 이어졌습니다. 이 모든 아픔을 딛고 사사키 씨는 '생업을 돌려줘, 지역을 돌려줘!' 후쿠시마 원전 소송의 원고로서 풍요로운 자연을 자랑하던 향토를 되돌리기 위해 정부와 도쿄전력에 원상회복과 완전배상을 요구하며 싸우고 있는 것입니다.

사사키 씨가 사는 후쿠시마 시 서부지역은 아즈마연봉 기슭에 위치해 있습니다. 또한 그 주변에는 나미에마치와 후타바마치 같은 피난민 가설주택이 자리 잡고 있습니다. 사사키 씨는 아내 토모코 씨와 이 가설주택을 방문해 농작물 등 지원 물자를 전달하고 있습니다.

◎ 60~70대의 도전

"내 활동의 원천은 청년기에 있다"고 술회하는 사사키 씨.

"우리는 전쟁이 끝난 후 새로운 청년운동을 모색했습니다."

또한 '이렇게 죽는 날까지 가난한 농민으로 살아야 하나?', '행복이란 무엇일까?', '산다는 건 무엇일까?' 등의 문제들을 고민하며 지금껏 함께한 동료들과 이제는 정부, 그리고 도쿄 전력과의 싸움에 힘을 합쳐 도전하고 있습니다.

사사키 씨와 그 동료들은 젊은 시절부터 국민 개창(皆唱) 운동(태평양전쟁 이후 일본에서 등장한 합창을 중심으로 하는 음악 분야의 사회운동. 주로 노동 운동 등에 기반을 두고 1950년대에서 1960년대 사이에 전성기를 구가했다. ─옮긴이), 청년단의 민주화 운동, 도시 노동자와 농촌 청년 교류의 장이 된 '오색회합', 마쓰카와 사건, 안보투쟁, 원자·수소폭탄 철폐 운동 등 역사의 격랑 속에서 사회문제와 농업에 대해 학습하며 적극적으로 사회운동에 참여해 왔다고 합니다.

그렇게 어느덧 칠순을 넘긴 사사키 씨. 하지만 "원점으로

젖소들을 돌보고 있는 사사키 겐조 씨 = 후쿠시마 시

돌아가야지요. 그 시절의 체험은 오늘날 정부·도쿄전력과의
싸움에서도 우리를 지탱해주는 원동력이 되고 있습니다"라며
여전히 강건한 모습을 보여주고 있습니다.

이러한 투쟁들에서 얻은 경험과 교훈은 사사키 씨가 편집
을 주도한 《회상과 전망: 청년단에서 농민운동으로》(발행모임)
책자에 정리되어 있습니다.

지금 이 순간에도 즉각적인 원전 제로를 염원하는 사사키
씨는 지역에 태양열발전소를 건설하려는 구상을 가지고 있기
도 합니다.

"원상회복·완전배상과 자연에너지로의 전환 실현을 위한
싸움에 밤낮으로 매진하고 있습니다."

_ 2013년 12월 16일 자

자연과 생활을 되돌린다

이와키 시민 소송 원고

하세베 이쿠코 씨

'생활 회복을 요구하는 원전 사고 피해 이와키 시 시민소송' 원고인 하세베 이쿠코長谷部郁子 씨(80세)는 11월 21일 후쿠시마지방재판소 이와키지부에서 진행된 제2회 구두변론에서 "죽기 전에 예전의 풍요로운 고장으로 돌아간 이와키 시를 보고 싶다"고 호소했습니다.

또한 하세베 씨는 히로시마, 그리고 후쿠시마에서 있었던 두 번의 피폭과 관련, "나는 원폭과 원전 어느 것과도 더불어 살 수 없다"며 눈물로 호소하던 히로시마 피폭 2세 출신 이와키 시 거주 여성의 사례도 소개했습니다. 이 여성은 원전 사고로 내일의 희망을 잃은 채 결국 스스로 목숨을 끊었다고 합니다.

도쿄 도 세타가야 구 출신인 하세베 씨는 대학에서 심리학을 전공한 후 이와키 시의 가정재판소에 조사관으로 부임했습니다. 그리고 38년간 후쿠시마가정재판소에서 조사관으로 근무했습니다.

◎ **고통스런 체험을 넘어**

가정재판소 조사관은 비행청소년의 가정 및 학교 환경, 성장과정 등을 조사해 재판관이 적절한 지도나 처분을 실시하는데 참고가 될 수 있도록 보고서를 작성합니다. 하세베 씨가 이 일을 지망한 것은 태평양전쟁 이전인 초등학교 5학년 시절의 경험 때문이었습니다.

어느 날 한 전학생에 대해 학급의 담임교사가 "저 아이와 가깝게 지내지 말라"고 말했다고 합니다. 이에 하세베 씨는 그

하세베 이쿠코 씨

학생이 "불량하다"고 판단했습니다. 그래서 다른 친구들에게 교사의 말을 그대로 전했다가 그 전학생에게 엄청난 반발을 샀습니다. 교사로부터 이야기를 들었다고는 하지만 그 내용을 조금도 의심하지 않고 동급생에게 낙인을 찍었던 일은 당시 하세베 씨에게 깊은 후회를 남겼습니다.

그 일을 계기로 "헌법 13조(개인의 존중)의 정신에 따라 살게 되었다"는 하세베 씨. 사람의 행동과 마음의 움직임을 과학적으로 연구하는 심리학을 탐구하고, 이를 업무에 활용할 수 있는 가정재판소 조사관으로 평생을 보냈습니다.

부임지인 이와키 시는 '탄광과 어업의 고장'으로 폭력에 의한 지배가 횡행했습니다. 따라서 아이들도 거칠어질 수밖에 없었고, 그래서 "소년들의 마음에 집중하고, 그들의 변명까지도 빠짐없이 들어주기 위해" 노력했습니다.

도쿄전력 후쿠시마 제1원전이 상업운전을 개시했을 당시의 일입니다. 원전 관련 일을 하던 소년이 야쿠자로부터 각성제를 강매당했습니다. 결국 소년은 추돌사고를 일으켰고 하세베 씨가 그 조사를 담당하게 되었습니다.

"(원전 관련 업무가) 위험하지 않느냐"고 묻자 소년은 "원래부터 시너(흡입)와 각성제로 몸이 망가져 있다 보니 방사능 때문에 죽을 수도 있다는 것 자체가 별로 실감이 안 난다"고 대답했습니다. "어린 아이에게 일을 시킨 건 둘째 치고 일단 직업안정법부터 위반한 상황이었습니다. 위법이 판치고 있었던 거죠. 그 일을 계기로 젊은이의 생명을 어둠 속으로 몰아놓고 당당하게 위법을 저지르는 원전이라는 산업에 의문을 갖기 시작했습니다."

◎ **원전 제로와 비밀보호법 폐지를 위해**

생명을 위협하고 자유를 빼앗으며 행복하게 살 권리를 산산이 부순 '3.11' 원전 사고. 하세베 씨는 "아이와 손자들에게 원전 사고 이전의, 사계절이 아름다운 이와키 시의 자연과 생활을 되돌려주고 눈을 감고 싶다"는 생각으로 소송에 참가했습니다.

하세베 씨는 원전 사고를 당한 사람들을 더 큰 고통 속으로 몰아넣는 아베 정권의 비밀보호법 성립 강행을 보며 "대본영 발표에 따라 움직일 것을 강요받던 시대로 역사가 역류하고 있다"는 느낌을 받았다고 합니다.

"원전 사고의 진실을 알아보려 했다는 이유만으로 처벌을 받거나 생명의 위협에까지 직면할 수 있다니, 말도 안 되는 이야기예요. 앞으로 원전 제로와 비밀보호법 폐지 투쟁에 힘을 다할 겁니다."

_2013년 12월 23일 자

폐로는 당연한 일

소프트볼 클럽 감독
우지이에 마사요시 씨

후쿠시마 현 다테 군 코오리마치 '코오리 장년 소프트볼 클럽'
의 감독을 맡고 있는 우지이에 마사요시氏家良 씨(65세)는 고
등학생 시절 후쿠시마현립 호바라保原고교 야구부에서 활약,
1965년 여름 고시엔甲子園대회에 출전한 경험이 있습니다.

◎ **아이들의 건강에 피해**

우지이에 씨는 "아이들이 안심하며 건강하게 살 수 있는
환경을 만들고 싶다"는 생각으로 '생업을 돌려줘, 지역을 돌려
줘!' 후쿠시마 원전 소송에 참가했습니다. 현재는 원고단 후쿠
시마지부 코오리마치 운영진을 맡고 있기도 합니다.

도쿄전력 후쿠시마 제1원전 사고 당시, 코오리마치 직영 그라
운드가 방사능에 오염되어 사용할 수 없게 되었다고 합니다.

"현재 후쿠시마 아이들이 운동 부족으로 비만 경향을 보인다는 통계까지 나와 있는 상황입니다."

선수 생활 경험이 있는 우지이에 씨는 원전 사고가 아이들의 건강에 끼친 피해를 특히 마음 아파하고 있습니다.

평생 일본통운에서 일하다 정년을 맞은 우지이에 씨는 퇴직 후부터 후쿠시마 북부 농민련에서 반송업무를 담당하는 운전사로 일하고 있습니다.

"코오리마치 특산품인 반건시, 아카츠키^{あかつき} 복숭아, 오린王林 사과 등 청과물이 엄청난 타격을 입었습니다. 농민들의 달랠 길 없는 분노와 절망, 토지의 방사능 오염으로 인한 낙담 등에 관해서는 따로 설명이 필요 없을 만큼 잘 알고 있지요."

"아이들이 안심하고 지낼 수 있는 환경을 만들기 위해 승리하고 싶다"는 우지이에 마사요시 씨

원전 사고 당시 우지이에 씨는 집 신축을 계획 중이었고, 막 기초공사를 진행하던 참이었습니다. 당시 측정된 시간당 방사선량은 5마이크로시버트. "아직 융자가 잔뜩 남아있는 상황인데 새집이 방사능에 오염되어 버린 겁니다. 큰 충격이었죠." 스트레스로 인해 고혈압 증세가 나타나면서 혈압 강하제까지 복용하게 되었습니다.

◎ 회사원 시절부터 반대

일본통운에서 일하던 당시부터 후쿠시마 원전 건설에 반대해온 우지이에 씨. 동료들과 "원전 입지 지역인 연안부 하마도리浜通り로 배송하러 갈 경우, 피난 시뮬레이션을 짜 둬야 한다"는 이야기를 나눈 적도 있었다고 합니다.

우지이에 씨는 "문제의 심각성을 좀 더 많은 사람에게 적극적으로 알렸어야 했다"면서 바닷가 지역은 물론 현 전체가 방사능 위협에 노출된 것에 울분을 토로했습니다.

"코오리마치에서만 원고 120명 이상을 모으고 싶다"는 것이 최근 우지이에 씨의 포부입니다. 제3회 구두변론에서 후쿠시마지방재판소는 도쿄전력 측에 원전 사고 이전에 실시된 지진해일 시뮬레이션 결과 등을 포함, 모든 자료의 제출을 요구했습니다. 그러나 도쿄전력은 자료제출을 거부하는 지극히 이례적인 대응을 보였습니다. 이에 대해 우지이에 씨는 "비밀보호법으로 누릴 수 있는 특권을 악용하려는 것"이라고 지적합니다.

"다시는 원전 사고가 일어나지 않기를 절실히 염원합니다. 당연히 폐로가 이루어져야 하는데, 아베 총리는 앞뒤 생각 없이 원전을 추진하고 재가동을 서두르고 있어요. 용서할 수 없는 일입니다. 1월 14일에 있을 제4회 구두변론이 고비인데, 다들 방청하러 오시고 원고단에도 합류하실 수 있게 최선을 다하겠습니다."

_ 2013년 12월 30일 자

3장

쉼 없이 목소리를 높이며

(2014년 1월 6일 자 ~ 2014년 6월 14일 자)

정부와 도쿄전력은
산에도 제염을 실시하라

채소 농가
와타나베 사카에 씨

"정부와 도쿄전력은 정말 산간지역까지 제염할 의지가 있는 건가? 할 거면 얼른 하든가, 대체 뭣들 하고 있는 거야?"

후쿠시마 현 다테 시 료젠마치 카미오구니上小国 지역에서 오이와 쑥갓을 재배하는 와타나베 사카에渡辺栄 씨(59세)가 분통을 터뜨렸습니다.

와타나베 씨는 도쿄전력 후쿠시마 제1원전 사고 이후 "후쿠시마산 채소가 소문 피해 때문에 헐값에 넘겨져 생산자의 긍지에 상처를 입었다"고 합니다.

와타나베 씨는 유기비료를 써서 채소를 재배해 왔습니다. 2011년 3월 11일 이전까지 아부쿠마산맥에서 채취한 부엽토를 유기비료의 원료로 썼습니다. 산의 선물인 부엽토는 미네

랄이 풍부한데다 윤기 있고 부드러워 깊은 단맛을 내는 오이를 생산할 수 있게 해주었습니다. 소비자들에게 "맛있다"는 평가를 받는 것은 두말할 필요도 없었습니다.

◎ 수입 400만 엔 이상 감소

'3.11' 후 부엽토의 방사선량을 간이측정기로 재어 보았더니 무려 5만 베크렐이나 되었습니다. "너무나 유감스럽고 슬픈", 그리고 충격적인 일. "땅 만들기의 근본"이 오염되는 것을 지켜보는 가운데 분노가 끓어올랐습니다. 와타나베 씨가 가업인 농업을 이어받은 것은 1971년이었습니다. 봄·여름은

"산에도 제염을 실시하라"고 주장하는 와타나베 사카에 씨

오이, 가을·겨울은 쑥갓을 재배했습니다. 쑥갓은 원래 10월부터 이듬해 3월까지가 출하 철이었지만 이내 채소의 연중 출하가 가능해지면서 채소 생산만으로 생활을 꾸릴 수 있게 되었습니다. 20년 넘는 시간을 투자해 얻어낸 노력의 결실이었습니다. 이렇게 본 궤도에 오른 농업 경영을 하루아침에 무너뜨린 것이 원전 사고였습니다.

"2012년의 경우 사고 피해로 수입이 400만 엔 이상 감소했다"는 와타나베 씨. 주변의 채소생산농가 전체가 방사능 오염으로 피해를 입었습니다. 다테 시의 오이 생산량은 스카가와須賀川 시에 이어 후쿠시마 현 2위. 약 630만 호의 농가가 6500톤이 넘는 생산량을 자랑하며 판매액만 18억 엔 이상이었습니다. "그런데 한꺼번에 타격을 입게 된 거지." 와타나베 씨는 한숨을 쉽니다.

더욱 심각한 것은 소문 피해가 아직까지도 이어지고 있다는 사실입니다.

"대량 구매를 하던 가게 중에 아예 후쿠시마산 채소 자체를 취급하지 않게 된 곳도 있었습니다. 우리야 하우스 재배, 노지재배 할 것 없이 무조건 검사를 실시하니 당연히 안전·안심을 담보하고 있지요. 배상에만 의지하면 생산의 보람도 성취감도 사라져 버립니다."

◎ 원전 제로는 당연

와타나베 씨는 지금도 유기농 재배를 위해 양모, 골분, 해수마그네슘, 홋카이도산 초탄草炭 등을 배합해 만든 질소비료를 사용하고 있습니다.

JA다테미라이伊達みらい 오이 생산 부회部會의 본부 임원이기도 한 와타나베 씨는 소문 피해를 불식시키기 위해 전국을 돌며 "목숨 걸고 안전한 채소를 생산하고 있다"며 호소했다고 합니다.

"올림픽이다 뭐다 하면서 들떠 있을 때가 아닙니다. 후쿠시마의 현실이나 부흥에 관한 이야기들이 묻히고 있잖아요. 그런데도 아직까지 제염은 생활권만을 대상으로 이루어지고 있고요. 농도農道나 산림은 아직 그대로 방치된 상태인데, 반드시 제염을 실시하도록 만들 겁니다. 원전 제로는 당연한 일이예요. 재가동 같은 건 아예 논할 가치도 없고요."

_ 2014년 1월 6일 자

원상회복은 필요불가결

복숭아 재배농가
아이하라 토요지 씨·쿄코 씨

"일단은 지금의 환경을 풍요로운 자연을 자랑하던 예전의 상황으로 되돌려 놓은 뒤에 다음 세대와 바통 터치를 하고 싶습니다." 후쿠시마 현 다테 군 코오리마치에서 복숭아를 재배하는 아이하라 토요지相原豊治 씨(69세)와 쿄코京子 씨(65세) 부부의 바람입니다.

도쿄전력 후쿠시마 제1원전에서 65킬로미터 떨어져 있는 코오리마치. 원전 사고는 이곳에 사는 생산자들의 노력을 수포로 돌아가게 만들고 아이하라 씨 가족의 꿈도 **빼앗아** 가버렸습니다.

큰아들은 아이즈 지역에서 농업과 관련된 일을 하고 있습니다. 집으로 돌아와 과수 재배를 할 예정이었지만 "당분간 지금 하고 있는 일을 계속할 수밖에 없게 되었다"면서 아이하라 씨 부부는 울분을 삼켰습니다.

◎ **헐값에 내놓아도 팔리지 않아**

코오리마치는 질 좋은 복숭아의 산지였습니다. 아이하라 씨 부부가 재배한 복숭아도 광센서를 이용한 중량, 모양, 색, 당도, 숙도 등의 체크에서 언제나 높은 점수를 받았습니다.

그럼에도 원전 사고로 인한 가격 폭락에서 예외일 수는 없었습니다. "개당 500엔으로 했는데도 절반이 채 안 팔렸다"고 합니다.

이전에는 품질을 선별하는 공선소公選所에 등급이 떨어져 헐값이 된 2급품, 3급품을 찾는 사람들이 몇 백 명씩 줄을 서기

아이하라 씨 부부

도 했지만, "사고 이후에는 대폭 줄어 한 사람도 오지 않는 날도 있다"고 합니다.

토요지 씨는 "맛있고 안전하며, 안심하고 먹을 수 있는 복숭아를 위해 필요하다면 무슨 일이든 하겠다"는 자세로 일해왔습니다. 볕이 잘 들어야 양질의 복숭아를 생산할 수 있기에 수확량을 희생하면서까지 나무와 나무 사이의 간격을 떼어놓고 오랜 시간과 노력을 들여 토질을 개선하는가 하면 농약 사용량도 줄였습니다.

◎ **소송 승리를 위해**

사고 후에는 나무 표면으로부터 방사성 물질이 흡수되지 않도록 고압세정기高壓洗淨機로 모든 나무를 물세척하고, 출하하는 복숭아는 방사선량을 측정해 안전을 확보하고 있습니다. 그럼에도 불구하고 "소비자들에게 '수치가 제로는 아니지 않느냐'는 소리를 듣는다. 괴로운 일"이라며 복잡한 심경을 토로하는 토요지 씨.

토요지 씨와 쿄코 씨는 '생업을 돌려줘, 지역을 돌려줘!' 후쿠시마 원전 소송에 참가, 원고단 후쿠시마지부 코오리마치 지역 운영진을 맡고 있습니다.

"정부와 도쿄전력을 상대로 싸우고 싶어요. 현재 코오리마치 지역 원고단 인원이 120명 정도인데 인구의 1할에 해당하는 1200명 정도는 조직해야죠"라는 쿄코 씨의 목소리에 힘이 실립니다.

토요지 씨는 정부가 "농지를 제염할 새로운 방법을 개발해 주기를" 바라고 있습니다. 땅을 뒤집는 제염 방법은 과수의 뿌리를 상하게 할 수 있어 과수원의 제염에는 적절치 않다고 합니다. 그리고 본인의 건강 피해에 대해서도 걱정하고 있습니다. 토요지 씨는 "정부와 도쿄전력에 원상회복을 요구하는 투쟁이 중요하다"고 강조했습니다.

쿄코 씨는 말합니다. "정부와 도쿄전력은 우리의 이런 괴로움을 알고나 있을까요. 이런 상황에 재가동이라니 말도 안 되는 일이지요. 원전 제로가 정답입니다. 다 없애버려야 해요."

_ 2014년 1월 20일 자

손자 생각에 피난을 고민

미나미소마 시
칸노 츠네오 씨

후쿠시마 현 미나미소마 시 하라마치 지구에 거주하는 칸노 츠네오菅野恒夫 씨(65세)의 집은 도쿄전력 후쿠시마 제1원전으로부터 약 21킬로미터 떨어져 있습니다. 이른바 '긴급시 피난 준비 구역'. 약 800미터만 더 가면 20킬로미터 권내인 '경계 구역'이 있습니다. 경계 지역에 자리 잡고 있는 까닭에 "머물러야 할지, 피난을 가야 할지 고민"이라고 합니다. 손자 때문입니다.

"이 주변 지역에 있는 열 군데의 집들 중에 손자들을 피난시키지 않은 집은 우리 집 포함해서 세 집 뿐이야. 손자가 있는 집은 다들 피난을 가 있지."

◎ **생업의 터전을 포기할 수 없어**

도료 도장 공사를 주업으로 하는 '하라마치 미장'의 대표이사 회장인 칸노 씨. 그간 초등학교와 유치원, 마을회관 등의 공사를 맡아왔습니다. "수십 년간 지역에 밀착해서 지역 사람들의 신뢰 속에 일해 왔는데, 다른 지역으로 이전한다는 게 너무 불안하더라고." 건강 피해에 대한 불안도 있었지만 지역에 남는 것을 선택했습니다.

"원전만 없었던들 이런 꺼림칙한 기분을 간직한 채로 살아갈 일도 없었는데. 만에 하나 손자가 성장해서 건강에 문제가 생긴다면 난 정말 분해서 못 견딜 것 같아."

하루빨리 원상회복이 이루어지기를 바라는 마음으로 칸노 씨 가족은 '생업을 돌려줘, 지역을 돌려줘!' 후쿠시마 원전 소송에 참가하고 있습니다.

칸노 씨의 조부모는 개척 농민으로 미나미소마 시에서 홋카이도로 이주했고, 땅을 개간해 콩과 밀을 재배했습니다. 농업만으로는 생계를 유지하기 어려웠기 때문에 칸노 씨는 중학교를 졸업하고부터 도장 일을 배우기 시작했습니다. "5년 동안 견습으로 허드렛일을 했지. 그리고 나니까 모시던 어르신이 '독립해도 되겠다'고 하더라고. 그래서 21살 때부터 미나미소마로 돌아와 도장업을 시작한 거야."

동일본대지진이 일어났을 당시, 칸노 씨는 아파트 도장 작업을 하던 중이었습니다. "도카치오키十勝沖지진(1968년 5월)과는 비교가 안 될 정도의 진동이더라고. 길기는 또 얼마나 길던

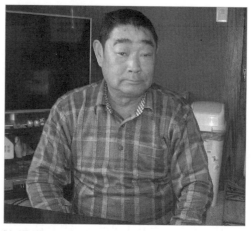

"손자를 위해 폐로"를 호소하는 칸노 츠네오 씨

지"라며 당시를 술회하는 칸노 씨. "무조건 집에 들어앉아 있었어. 그때 일을 생각하면 지금도 무서움이 뼈에 사무쳐."

◎ **원전은 전부 폐로해야**

현재 큰아들 부부와 손자들은 센다이로 피난해 있는 상황입니다. 칸노 씨 부부도 아이치 현 오카사키岡崎 시로 피난을 다녀왔습니다.

1개월 정도 후쿠시마 밖에서 피난생활을 한 후 가까스로 미나미소마 시에 돌아왔지만, 칸노 씨 가족처럼 가설주택이 아닌 자택으로 돌아온 이재민들의 경우 지원물자를 받을 수 없습니다. 그러한 까닭에 식료품조차 제대로 구할 수 없어 곤란을 겪던 중 일본공산당 소속 아라키 치에코荒木千恵子 시의원 등의 도움으로 힘든 상황을 넘길 수 있었습니다.

칸노 씨는 도쿄전력 후쿠시마 제1원전이 만들어지던 당시 조립형 현장작업소를 만들기도 했습니다. "안전하다는 소리를 몇 번이나 반복하더라고. 그러니 설마 그게 폭발할 거라고는 상상도 못한 거지."

머지않아 원전 사고가 일어난 지 3년이 됩니다.

"원전은 전부 폐로해야 한다"고 생각하는 칸노 씨. "원전 재가동은 도쿄를 포함한 전국의 에너지 정책 문제야. 태양, 바람, 파도, 물 등을 활용하는 자연에너지로의 변환을 실시해야 해. 환경을 파괴하고 사람들의 마음마저 갈기갈기 찢어놓은 방사능 피해가 손자 세대까지 이어져서야 되겠나. 우리 대에서 끝내야지."

_ 2014년 1월 23일 자

할애비로서의 할 일

다테 시
오츠키 젠조 씨

후쿠시마 현 다테 시 호바라마치保原町에 거주하는 오츠키 젠조大槻善造 씨(78세)는 "어서 전쟁도 원전도 없는 사회를 만들어야 한다"고 생각합니다.

태평양전쟁 직전 징집된 그의 부친은 당시 이른바 '본토결전'을 위해 도리시마鳥島와 하치조지마八丈島 등에 배치되었습니다. 당시 병사들은 성내 약사여래당藥師如來堂과 호바라고교 등에 주둔했습니다. 오츠키 씨는 당시 어린 나이였지만 "전세가 갈 데까지 갔구나"하는 생각이 들었다고 합니다.

"죽창을 들고 급습 훈련을 하고, 결전을 준비한다고 총검이랑 나팔도 가져왔다"던 소년시절의 기억. "B-29 비행편대의 공습이 시작되고 천지사방이 울리는 것을 경험하면서 '이제 다 끝났구나' 싶었다"고 합니다.

"이기고 있다"는 말만 끝없이 되풀이하며 국민을 기만하던 대본영 발표를 경험한 오츠키 씨는 "비밀보호법이 폐지되어야 한다"면서 일본을 전쟁하는 나라로 되돌리려는 움직임에 강력히 반대하고 있습니다.

◎ **힘들지만 보람 있던 생활**

오츠키 씨는 중학교를 졸업한 후 부모님의 일을 거들면서 석재업 등 토목건축과 관련된 일을 배웠습니다. 그러다 27살 때부터 독립했고 "종업원을 열 명 정도 둔 적도 있었다"고 합니다.

"원전 사고는 인재"라고 강조하는
오츠키 젠조 씨

그렇게 가까스로 영세규모 자영업을 유지하던 오츠키 씨. 연금이 부족하다 보니 조금이라도 일을 해 보태지 않으면 생활을 꾸릴 수 없습니다. 그래서 6년 전부터 무인판매소를 설치해 복숭아와 채소를 팔고 왜건에 복숭아를 실어다 신치마치新地町, 소마시 마쓰카와우라松川浦 등으로 행상을 나가 생활을 꾸렸습니다. 잘될 때는 20상자나 팔리는 등 오츠키 씨의 행상 판매는 나름 무척 인기였습니다.

호바라마치는 비옥한 토양을 자랑하는 후쿠시마 북부지역의 곡창지대. 사과, 복숭아, 감 등 과수 재배가 성하고, 특히 질 좋은 복숭아는 '후쿠시마 복숭아'가 전국적인 명성을 얻는 데 기여해왔습니다.

◎ 전쟁 없는 사회를

그러나 도쿄전력 후쿠시마 제1원전 사고가 복숭아 산지를 덮쳤습니다. 그렇게 장사가 힘들어지면서 근근이 이어가던 오츠키 씨의 생활도 타격을 입었습니다. 그래서 '원전 철폐와 완전배상을 요구하는 후쿠시마 현 북부 모임'과 상담한 후 손해배상을 청구한 결과, 청구한 금액에 가까운 80만 엔을 받아 냈습니다.

하지만 그것으로 모든 문제가 해결된 것은 아닙니다. 좋아하던 바다낚시, 민물낚시도 할 수 없게 된 데다 손자 넷의 건강까지 걱정해야 하는 상황이기 때문입니다.

"앞을 내다볼 수 없는 원전 문제를 걱정하며 살아야 하는 사람들의 심정을 아느냐"고 묻는 오츠키 씨.

"철저하게 제염을 해줬으면 좋겠어요. 원전 사고는 인재입니다. 배상만 해 준다고 끝나는 게 아녜요. 손자와 증손자들에게 무엇을 해 줄 수 있을까요? 전쟁 없는 사회, 원전 제로, 재가동 따위 결코 용납하지 않는 일. 이런 것들이 할애비로서 마지막 할 일 아닐까 싶어요."

_ 2014년 1월 24일 자

인기척이 사라진 거리를 보며

가이드북 편집자
오우치 히데오 씨

"가고파도 갈 수 없는 마을, 황사만 날아드네."

후쿠시마 현 미나미소마 시에 사는 오우치 히데오大内秀夫 씨(77세)가 지은 하이쿠俳句(일본의 5·7·5의 3구句 17음音으로 구성된 단형시短型詩.–옮긴이)입니다.

이 하이쿠는 '소마 신치·원전 사고 전면 배상을 요구하는 모임'이 발행한《후쿠시마의 슬픔을 알아주세요 – 원전 피해 지역 걷기 가이드북》에 실려 있습니다.

'가이드북'은 전국으로부터 구호활동과 현지조사를 위해 피해지역에 찾아오는 이들에게 현지의 실상을 알기 쉽게 전해 주기 위한 자료로 만들어진 책입니다. 오우치 씨가 편집책임 을 맡았습니다.

책의 표지는 나미에마치 공립 우케도초등학교에서 바라

'가이드북'을 편집한
오우치 히데오 씨

보이는 도쿄전력 후쿠시마 제1원전의 배기통과 크레인을 찍은 사진. 그 밑에 달린 설명은 "매일 교실에서 이 광경이 보였다. 3월 11일 이후, 지진해일과 방사능에 쫓겨 아이들은 전국으로 흩어지고 말았다"며 원전의 폐해를 담담히 고발하고 있습니다.

　고교 교사로 오랫동안 근무한 오우치 씨는 대지진 당시 지진해일로 제자들을 잃었습니다. 그리고 방사능 피해로 도쿄 등에서 살고 있는 다섯 명의 손자들과도 만날 수 없게 되어 버렸습니다. 오우치 씨는 "지역에서 젊은이들이 사라져 버렸다"고 슬퍼합니다.

◎ 재난의 조짐

"사고로 피폭지가 될 마을, 활짝 갠 하늘에 새들이 무리지어 날아가네." '가이드북'에는 엔도 다카코遠藤たか子 씨가 '3.11' 이전에 읊었다는 이 단가短歌도 실려 있습니다. 사고의 위험성에 대해 진작부터 경종을 울리고 있던 것입니다.

오우치 씨 등 404명은 1975년 후쿠시마지방재판소에 도쿄전력 후쿠시마 제2원전 설치 허가 취소 소송을 제기, '원전을 파괴하는 지진해일의 위험, 처리가 불가능한 방사성 폐기물의 대량발생 가능성, 피난 계획도 없는 주민 무시' 등에 대해 고발했습니다.

그렇게 최고재판소까지 가며 싸웠지만 결과는 패소였습니다. 하지만 당시 원고단이 경고했던 위험은 '3.11'을 통해 현실이 되었습니다.

◎ "이번에야말로 이길 것"

"그때 승리했더라면 이런 고통을 맛볼 일도 없었겠죠. 정말 통탄을 금할 수 없습니다." 오우치 씨는 다시 정부와 도쿄전력을 상대로 원상회복을 요구하는 '생업을 돌려줘, 지역을 돌려줘!' 후쿠시마 원전 소송에 참여하고 있습니다. 오우치 씨는 제4회 구두변론에서 다음과 같이 진술했습니다.

"우리는 이번에야말로 반드시 이길 겁니다. 저는 이 지역에서 살아가기 위해, 그리고 미래의 자손들을 위해 큰일을 하는 것이라는 생각으로 이번 소송에 원고로 참가하게 되었습니다."

'가이드북'에는 "적어도 20년 동안은 돌아가지 못할 거라는 말, 백세 되신 어머니는 집으로 향하는 짐을 꾸리시네"라는 요시다 노부오吉田信雄 씨의 시도 실려 있습니다. 배달되지 않은 채 나미에마치의 신문배달점에 산처럼 쌓여있는 3월 12일자 신문들이 찍힌 사진과 함께.

"슬픔과 분노로 얼룩진 3년이었다. 살기 위해서라도 싸워야겠다고 결심했다"는 오우치 씨.

"아베 총리는 원전의 재가동을 당연하다는 듯 추진하고 있습니다. 여론의 힘으로 제동을 걸어야 해요. 제발 후쿠시마에 와서 인기척이 사라진 거리를 직접 봐 주시기 바랍니다. 스태프들이 가이드북을 준비해놓고 기다리고 있어요. 원전 제로의 길을 향해 함께 걸어갑시다."

_ 2014년 2월 3일 자

흙조차 오염됐다

배 농가
아베 테츠야 씨

"농가는 농사짓는 즐거움, 수확하는 즐거움, 그리고 '맛있다'며 기뻐하는 소비자들의 모습을 보는 즐거움으로 생명력을 이어가죠. 그런데 그런 농가에 자연의 은총을 제공해주는 대지가 원전의 방사능으로 오염돼 버렸어요. 도대체 이 분노를 어찌하면 좋겠습니까?"

◎ 일본 최대의 재배 면적

후쿠시마 현 사사키노笹木野의 1.5헥타르 규모 농지에서 배를 중심으로 복숭아, 사과까지 함께 재배하는 아베 테츠야阿部哲也 씨(51세)는 분노를 억누르지 못합니다.

아베 씨는 도쿄의 한 대학 법학부를 나와 회사원 생활을 하다 26살 때 부친의 병환을 계기로 가업인 농사일을 시작하게

배 밭에서 작업 중인
아베 테츠야 씨

되었습니다. "지역 분들이 가르쳐 주신 덕에 과수 재배의 기본을 터득하게 되었다"고 합니다.

아베 씨가 살고 있는 사사키노 카야바萱場 지구는 120년 역사를 자랑하는 카야바 배의 명산지입니다. 카야바 배는 지금은 고인이 되신 시기바라 사조鴫原佐蔵 씨가 똘배를 찾아내 묘목을 가져다 키운 것이 그 시초입니다.

'카야바 배'라는 브랜드를 형성하고 있는 카야바 지구의 재배 면적은 일본 최대 규모를 자랑합니다. 아즈마연봉 기슭에 위치해 배수가 좋고, 고온다습하며 일교차가 커 배를 재배하는데 최적의 조건이기도 합니다.

"특히 과수를 전지하는 작업엔 경험이 필요했다"면서 고생스럽던 당시의 경험을 회고하는 아베 씨. "꽃눈과 잎눈을 구분하지 못해 꽃눈을 잘라버리거나 재배해 실패한 적도 있었다"고 합니다.

"후쿠시마 제1원전 사고 전에는 10킬로그램들이 한 상자당 2000엔에서 2500엔을 받았습니다. 그러던 것이 사고 후 3년이 지난 지금 1000엔 이상 가격이 떨어졌어요. 또 생산량의 반 정도는 개인 선물용으로 팔리던 것이 이제는 주문이 2할에서 최대 3할까지 줄어든 후 더 늘지 않는 상황이죠."

2013년 9월, 한 대학의 협조로 2주간 누적 방사선량을 재기 위한 개인용 측정기를 장착한 채 작업을 진행한 결과 "연간 2.1밀리시버트의 방사선량이 측정되었다"고 합니다. 상당한 방사선량 속에서 작업이 이뤄진 것입니다.

"아내는 물론이고 77세 되신 노모까지 함께 일하면서 방사능의 위험성에 대해 제대로 파악하지 못했던 겁니다."

지역 중학생들도 종합학습의 일환으로 연간 여러 차례 과수원에 와 작업 체험을 해왔지만, 원전 사고 이후부터 중지되었습니다.

"50년 이상 이어져 내려오던 전통이 끊어졌습니다. 아이들과 지역사회를 이어주는 체험교육의 장조차 원전 사고가 앗아가 버린 거지요"라며 비통함을 감추지 못하는 아베 씨. 얼마

후면 원전 사고가 일어난 지 3년이 됩니다. 아베 씨는 "이 분노를 잊지 않는 것이 중요하다"고 강조합니다.

"'그냥 잊어버리는 편이 낫지 않겠느냐'는 의견도 있었습니다. 하지만 그런다고 감수減收 피해가 저절로 사라지지 않지요. 더는 과수에서 방사선량이 검출되지 않는데도 여전히 과일이 팔리지 않습니다. 이런 후쿠시마의 오늘에 대해 있는 그대로 호소할 필요가 있어요."

아베 씨가 '생업을 돌려줘, 지역을 돌려줘!' 후쿠시마 원전 소송에 참여하게 된 것도 바로 이런 이유에서였습니다. 카야바 배의 산지를 지키고 싶었던 것입니다.

아베 내각이 "원전은 기본이 되는 중요한 베이스 로드base load 전원"이라고 규정한 것과 관련해 아베 씨는 "후쿠시마에 대해 도대체 무슨 생각을 하고 있는지 모르겠습니다. 어떻게든 저지하지 않는다면 우리는 다음 세대를 볼 낯이 없어요. 재가동 반대에 더욱 목소리를 높여야겠습니다"라며 결의를 다졌습니다.

_ 2014년 2월 17일 자

문제를 아는 사람이
먼저 목소리를 높여야

원고단 사무국장에 취임한
핫토리 히로유키 씨

"먹거리를 통해 고객의 생활 향상과 지역사회 발전에 기여"한다는 사시를 내걸고 있는 슈퍼마켓 '마스야ますや'의 사장 핫토리 히로유키服部浩幸 씨(44세)는 최근 '생업을 돌려줘, 지역을 돌려줘!' 후쿠시마 원전 소송 원고단 사무국장에 취임했습니다.

◎ 슈퍼마켓이 지역 인프라의 요체로

나미에마치에 인접한 니혼마쓰 시 도와東和 지구에 있는 '마스야'. 동일본대지진이 일어나던 날 근처 주민들뿐만 아니라 나미에마치에서 온 사람들까지 "불이 켜져 있어 안심이다", "먹을 것을 살 수 있는 곳이 있어 정말 다행"이라며 몰려들었다고 합니다. 인근의 도와 제1체육관 등이 피난소로 지정되었기 때문입니다.

"영업을 계속하는 슈퍼마켓이 지역 인프라의 요체가 된다는 것을 실감했다"며 3년 전 대지진 당시를 회고하는 핫토리 씨. 지난 시간은 "지역밀착형 영업 본연의 자세를 실감하며 지내온 3년이었다"고 합니다.

2012년 4월부터 2013년 3월까지 PTA 회장을 맡으면서 니혼마쓰 시 당국이 진행한 체르노빌 원전 사고 시찰단에도 참가했습니다. 핫토리 씨는 이 시찰을 통해 "원전 사고의 무서움을 제대로 알게 되었다"고 합니다. 그리고 후쿠시마가 직면한 상황의 심각성도 실감할 수 있었습니다. 결국 "원전 제로의

핫토리 히로유키 씨

목소리를 높이는 일에 뛰어들게 되는" 계기로 작용한 것입니다. 하지만 다른 한편으로 '개인으로서의 한계' 또한 실감하던 차에 같은 업종에 있는 나카지마 타카시 씨가 원고단장이라는 것을 알고 후쿠시마 원전 소송에도 참가하게 되었습니다.

고등학교 1학년인 큰딸, 중학교 1학년인 큰아들, 그리고 초등학교 2학년인 작은아들, 세 남매의 아버지이기도 한 핫토리 씨. "가게 문을 닫을 수는 없으니 아이들을 피난시켜야 하나 고민했지만, 그래도 가족이 뿔뿔이 흩어지는 일 없이 극복해낼 수 있었습니다."

'마스야'는 메이지明治 초기 누에와 양털을 사러온 상인들이 묵는 여관으로 시작했다가 판매 쪽에 주력하면서 슈퍼마켓으로 발전한 곳입니다. "맛있는 것을 쉽게 구할 수 있게, 마음을 담아", "가게는 손님들을 위해 존재한다. 손익보다 선악善惡을 우선한다. 그로 인해 망해도 좋다고 생각하면 오히려 절대 망하지 않는다." 사장인 핫토리 씨가 모토로 삼고 있는 행동지침입니다.

대지진은 이 가게의 방침이 올발랐다는 것을 증명했습니다. "욕심 부리지 않고 상생에 초점을 맞춰 장사한 결과 물건을 팔아주는 손님들로부터 오히려 '고맙다'는 인사까지 들을 수 있었습니다."

◎ 아직 시작되지 않은 부흥

대지진 후 3년이 지났건만 "부흥은 아직 시작되지도 않았다"는 핫토리 씨. "진정성 있는 원전 사고 수습은 유감스럽게도 아직 출발선에조차 와 있지 않은 상황입니다." 5000명 규모의 원고단을 조직하려 하는 후쿠시마 원전 소송 원고단의 사무국장이기도 한 핫토리 씨는 세 가지 목표를 갖고 있습니다. 첫 번째는 견고한 원고단을 만드는 일, 두 번째는 이를 위해 재정 기반을 강화하는 일, 그리고 세 번째는 법정 밖에서도 여러 가지 활동으로 여론을 움직여 원전 소송을 사회적 운동으로 발전시키는 일입니다.

"옳다고 느끼는 일에 대해서는 반드시 목소리를 높여야 합니다. 운동을 시민사회 차원으로 확대하기 위해 지혜를 모으고 싶어요."

_ 2014년 3월 3일 자

이다테규의 부활과 재건을 위해

이다테무라 나가도로 구역장
시기하라 요시토모 씨

"벌써 3년째인데 아직도 시간이 멈춰 있습니다. 아무것도 변하지 않았어요. 부흥은 그저 요원할 뿐입니다."

이다테무라飯館村 나가도로長泥 구역장을 맡고 있는 시기하라 요시토모鴨原良友 씨(63세)가 도쿄전력 후쿠시마 제1원전 사고 이후의 3년을 술회했습니다.

◎ 육우 사육을 생업으로

마을의 74%가 임야라는 천혜의 환경 속에 사육된 이다테무라의 소들은 '이다테규飯館牛' 브랜드를 형성해 높은 평가를 받아왔습니다.

"소들과 대화를 나누면 스트레스가 풀리고, 치유되는 느낌이 든다"며 흐뭇해 하는 시기하라 씨. 2대째 육우를 사육하는 그는 소 여섯 마리를 키우며 쌀, 채소 등을 재배하는 일로 생활을 꾸렸습니다.

그러나 원전 사고 발생 이후 시기하라 씨의 생활은 달라졌습니다. 한 달째를 맞던 2011년 4월. 정부가 이다테무라를 계획적 피난구역으로 지정하면서 마을 전체에서 피난이 시작되었기 때문입니다.

지금으로부터 3년 전인 3월 15일, 원전 사고로 유출된 방사능은 남동풍으로 인해 비에서 눈으로 바뀌어 마을에 쏟아져 내렸습니다. 하지만 설마 후쿠시마 제1원전에서 서북쪽으로 30~50킬로미터 떨어져 있는 이다테무라에도 위험이 닥쳐오리라고는 누구도 예상하지 못했습니다. 그런 상태에서 4월을 맞아 피난이 시작된 것입니다.

시기하라 씨는 소들의 처분을 놓고도 "5월까지 아무것도 하지 못한 채 두고 보고만 있었다"고 합니다.

나가도로 지구의 약 50세대에 거주하는 180명의 주민들은 원자력 손해배상 분쟁 해결 센터(ADR)에 집단적으로 민원을 넣고 최근 한 사람당 50만 엔, 아이들과 임산부의 경우 100만 엔이라는 합의금을 제시받았습니다. 시기하라 씨는 구역장으로 주민의 요구를 취합했다고 합니다.

피폭과 관련한 불안에 대해 위자료가 지불된 것은 초유의 일입니다.

현재는 후쿠시마 시내 공무원 숙소에서 피난생활을 하고 있는 시기하라 씨. 1년마다 거주 계약을 갱신하는 형태로 지내고 있습니다.

"언제 내쫓길지 몰라 불안합니다. 내 집에 살면서 느끼는 안심감이 없어요. 하다못해 부흥주택이라도 지어 주었으면 좋겠습니다."

◎ **함께 모색하자**

이다테무라는 2012년 7월 '귀환 곤란', '거주 제한', '피난 지시 해제 준비' 등 3개 구역으로 재편되었습니다. 나가도로 지역은 '귀환 곤란' 지구로 구분되어 출입이 제한된 상태입니다.

"6개 지점에 바리케이드가 쳐져 있어서 5년간은 우리 마음

이다테무라의 부흥을 이야기하는
시기하라 요시토모 씨

대로 돌아갈 수가 없어요. 어떻게 살아야 할지 고민입니다."

하지만 부흥의 꿈마저 포기한 것은 아닙니다.

"모델지구를 설정해 마음 맞는 동료들과 이다테규를 부활시켜 보이고 싶습니다." 작년에는 벼의 시험 재배를 시기하라 씨 소유 토지에서 실시해 10월엔 3년 만에 벼 베기가 이루어지기도 했습니다. "땅이 재해로 입은 상처를 어루만져 주더군요. 수확은 정말 즐거웠습니다. 소 키우기도 일단 시험적으로 사육을 실시하고 재건의 길을 모색해야죠."

하지만 정부와 도쿄전력에 대해서는 "피해자의 목소리를 진지하게 들으면서 대응해 주었으면 한다"며 고압적인 대응을 비판하는 시기하라 씨.

시기하라 씨는 "늘 자신들의 이야기를 일방적으로 강요하려고만 해요. 우리 이야기는 듣지도 않고. 서로 이야기를 나누면서 앞으로 어떻게 할지 생각해야 하지 않겠어요? 모두에게 희망을 가져다 줄 수 있는 방법을 함께 모색하고 싶습니다"라며 정부와 행정당국에 대한 바람을 말했습니다.

"사실 지금은 마을에 폭탄이 떨어진 거나 같은 상황이거든요. 그래도 어떻게 해야 할지에 대해서 함께 고민하다 보면 서로 간의 결속이 다져질 수 있을 거라고 생각합니다."

_ 2014년 3월 11일 자

'맛있다'는 격려에 마음을 다잡으며

딸기 농가
가모 세이이치 씨

"트리플^{triple} 재해로 타격이 크다"며 머리를 감싸 쥐는 가모 세이이치^{蒲生誠市} 씨(38세). 그는 후쿠시마 현 다무라 시에서 딸기와 채소를 재배하고 있습니다.

◎ **삼중의 재해에 직면**

　도쿄전력 후쿠시마 제1원전 사고로 인한 방사능 피해, 후쿠시마산 농작물에 대한 소문 피해, 그리고 2월에 내린 폭설로 인한 하우스 붕괴. "철골조 딸기 하우스의 경우 10아르 넓이 3개동 규모로 1200만 엔이나 들여 지은 것이 무너져 버렸습니다. 파이프 하우스도 10동 중 7개동이 부서졌고요. 융자도 다 갚고 이제부터다 하던 참에 미처 예상치 못한 피해를 입은 거죠."

폭설로 인한 후쿠시마 현의 농림수산 관련 피해액은 모두 8억2100만 엔. 그중 농업 분야 피해액만 7억6300만 엔에 이릅니다. 이에 현 당국은 독자적 지원책을 검토하고 있습니다. 비닐이나 대형 철골조 하우스에 대해서도 지원을 제공할 방침입니다. 가모 씨는 "농가는 이중, 삼중의 고통에 시달리고 있다. 현 당국이 어서 지원을 해 주었으면 좋겠다"며 호소했습니다.

가모 씨의 집안은 4대째 딸기와 오이 등의 채소를 재배해 왔습니다. 생산한 딸기나 채소를 왜건으로 실어다 인근 상점가에서 팔았습니다.

"직접 대면하면서 장사를 하다 보니 손님들 속마음을 알겠

눈의 무게를 견디지 못해 무너져버린 딸기 하우스를 살펴보는 가모 세이이치 씨 = 다무라 시

더라고요. 할머니 때는 지게에다 지고 다니면서 채소를 팔았
대요."

원전 사고가 일어난 2011년 당시에는 "아무도 채소를 사
주지 않았다"고 합니다. 그리고 2년째가 되었을 무렵 가격은
10퍼센트 정도 싸졌지만 "당신을 믿고 사겠다"는 손님들 덕에
간신히 매출이 회복될 수 있었습니다.

가모 씨는 도쿄 도 타마多摩 시의 농업자대학교에서 공부했
습니다. 국립 교육기관으로 1968년 설립된 이 학교는 '세계 최
고 수준의 톱 경영자 육성'을 목표로 하는 곳입니다. 아내인 가
즈요和世 씨(38세)는 당시의 동급생이었습니다.

"전국의 영농후계자들이 모여 있다 보니 자극도 되고, 다
른 지역의 방식도 알 수 있어 좋았다"고 합니다.

가모 씨에게는 새 학기에 중학교 3학년이 되는 큰딸과 1학
년이 되는 큰아들, 초등학교 5학년이 되는 작은딸 등 세 아이
가 있습니다. 원전 사고 직후에는 다들 1개월 정도 가모 씨의
친정인 가나가와 현에 피난을 가 있었다고 합니다.

가모 씨 일가는 아이들이 다니던 학교가 다시 문을 연 것을
계기로 다무라 시에 돌아와 딸기와 채소 재배를 재개할 수 있
었습니다.

◎ 완숙시켜 판매

가모 씨는 양액재배養液栽培가 아닌 토양재배土壤栽培로 하우스 딸기를 재배하고 있습니다. 딸기는 완전히 익은 후 출하하기 때문에 소비자들에게 "달다"고 환영받습니다. 그는 "기본은 토양 만들기다. 유기비료를 사용해 안심·안전한 딸기를 재배하고 있다"며 자랑합니다.

"당도 18도. 슈퍼마켓에서 팔리고 있는 것이 평균 12도니까 어디 내놔도 밀리지 않습니다. 죄다 지역 내에서 팔려나가기 때문에 완숙을 해도 문제가 없거든요. 새빨간 딸기를 보면 '해냈구나' 싶은 생각이 들어 얼마나 기쁜지 몰라요"라며 산지 소비의 장점을 강조하는 가모 씨.

"묘목을 길러 내년 봄까지 출하가 가능해지도록 노력할 겁니다. 지역에 뿌리를 두고 '맛있다'는 주민들의 평판을 격려 삼아 지역 농업을 재건하겠습니다."

_ 2014년 3월 22일 자

과일의 고장, 잊을 수 없는 자부심

과수농가

시부야 세츠오 씨

후쿠시마 현 다테 군 구니미마치의 시부야 세츠오澁谷節男 씨 (66세)는 복숭아, 사과, 반건시 농사에 긍지를 가지고 있었습니다. 지난 3년은 그에게 "고생을 거듭하며 원전에 대해 다시 생각하게 된 시간들"이었다고 합니다. 도쿄전력 후쿠시마 제1원전 사고가 과수 농사에 대한 시부야 씨의 긍지를 산산조각 내버렸기 때문입니다.

후쿠시마 현 최북단에 자리 잡은 구니미마치는 비옥한 토지를 자랑하는 복숭아, 사과, 감의 명산지입니다.

◎ **밭농사로 살아온 50년**

시부야 씨의 집안은 약 1만5천 제곱미터 조금 못 되는 토지에 복숭아, 사과, 감 등을 7대째 재배해 왔습니다. "감나무 중에는 수령이 100년 이상인 것도 있습니다. 과일밭에서 50년을 살았죠. 중학교 졸업하고 열여섯 살 때부터 과일농사를 지어왔으니까요."

시부야 씨는 "'물건'이 아니라 '진심'을 팔자. '돈'이 아닌 '감사의 마음'을 받자"와 "한 개 사는 고객을 100명 확보하자"는 모토 아래 직판장을 중심으로 고객들과 직거래를 해 왔습니다. "손님들이 진정한 맛을 느낄 수 있게 하려면 잘 익은 과일을 팔아야 합니다."

2011년 3월 11일 이후에는 큰며느리와 손자가 약 1개월간 피난을 다녀왔습니다.

전지 작업을 하는 시부야 세츠오 씨

그해 복숭아는 "한 상자(7.5킬로그램)에 100엔···. 선조 대대로 해오던 복숭아·사과 농사를 접을 수밖에 없었다"며 시부야 씨는 원전 사고에 대한 울분을 삼켰습니다.

이듬해인 2012년에도 "무리를 해 농사를 지었"지만, 결국 판매 자숙이 결정되어 출하조차 할 수 없었습니다. 2013년에는 반건시 농사를 "시험 삼아" 지어 보았는데, 안전성은 확인되었지만 브랜드로서의 부활까지 이루지는 못했습니다. "맛있는 과일을 생산하기 위해 공부에 공부를 거듭해 왔다. 이제 어디 내놔도 뒤지지 않을 것"이라고 자부해 왔지만 끝내 소비자들을 만날 수조차 없었던 것입니다.

◎ **기존 판매망에 무료로 배포**

시부야 씨는 "소비자들에게 잊히면 끝장이라는 생각에 검사를 통과한 복숭아와 사과 등을 그냥 나눠주었다"고 합니다. "무조건 기억하게 만들자, 당장은 손해를 보더라도 결국 득으로 돌아올 것"이라는 생각으로 판로 확보에 힘을 기울인 것입니다.

이러한 시부야 씨의 노력은 최근 조금씩 결실을 맺는 중입니다.

"나눠준 과일을 받아든 소비자가 '지인에게 추천해 보겠다'더니 정말 그렇게 해 주더라고요. 너무 고마웠습니다."

후쿠시마 농가를 곤경으로 몰아넣은 원전 사고. 시부야 씨는 강한 어조로 말했습니다.

"원전을 재가동한다는 것은 지난 3년간 우리가 해온 노력을 조금도 교훈으로 삼지 않는 처사입니다. 절대로 용납해서는 안 돼요."

_ *2014년 3월 24일 자*

SPEEDI 공표는 없었다

생활보호수급자
야마키 사치코 씨

후쿠시마 시에 사는 야마키 사치코^{八卷幸子} 씨(59세)는 동일본대 지진 이후 3년간이 "불안의 연속이었다"고 합니다.

'3.11' 당일 외출에서 돌아온 야마키 씨는 서 있기도 힘들 만큼 격렬한 진동과 맞닥뜨렸습니다. 그래서 애견 '코타로^{小太} ^{郎}'를 꼭 끌어안고 진정되기만을 기다렸습니다. 아파트에 혼자 살던 야마키 씨. 큰딸이 데리러 와 모친과 남동생이 살고 있는 이다테무라의 친정으로 잠시 피난을 갔습니다.

하지만 그 후 SPEEDI(긴급시 신속 방사능 영향 예측 네트워크 시스템)가 공표되고, 이다테무라가 후쿠시마 시보다 방사선량이 높다고 판명되면서 결국 지역 전체가 피난을 가게 되었습니다. SPEEDI가 즉시 공표되었다면 굳이 위험한 지역으로 들어갈 필요도 없었던 것입니다.

생활보호비 인하 때문에 불안한 생활을
이어가고 있는 야마키 사치코 씨

야마키 씨의 모친과 남동생은 현재 후쿠시마 시내 임대주
택에서 피난생활을 하고 있습니다. "곧 79세가 되시는 어머니
가 갑작스런 환경 변화 때문에 혈압이 오르고, 알츠하이머까
지 진행되고 있는 상황"이라며 걱정하는 야마키 씨.

◎ 애견이 유일한 대화 상대

2013년 8월, 일본 정부는 생활보호 수급자들의 생활부조
비 인하를 강행했습니다. 그래서 야마키 씨도 매월 받는 생활
부조비가 1260엔이나 줄었습니다. 그 결과 수도요금이 신경
쓰여 목욕 횟수를 줄이고, 식비를 아끼기 위해 식사도 하루 두
끼만 하고 있습니다. 슈퍼마켓에 장을 보러 갈 때도 폐점 직전

의 타임세일 시간을 이용합니다. 전화는 물론 신문까지 끊었습니다. 친구들과의 회식이나 교제 등도 가급적 피하려고 노력 중입니다. 대화 상대라고는 애견인 코타로뿐입니다.

야마키 씨는 중학교를 졸업하고 도쿄로 집단 취업을 나가 봉제공장에서 일했습니다. "원래는 고등학교에 가고 싶었어요. 그래도 밤에 양재洋裁 전문학교에 다닐 수도 있었기 때문에 열심히 살았습니다." 당시 야마키 씨는 디자인과가 개설된 학교에서 공부할 계획이었는데 "고등학교 졸업 자격이 필요했기 때문에" 꿈을 이룰 수 없었다고 합니다. 소비세 증세는 그런 야마키 씨에게 "어딜 가도 가난에 시달릴 뿐이라 살아도 사는 게 아니"라는 느낌마저 들게 합니다.

◎ **불복심사에서의 진술**

더는 견디기 힘들어진 야마키 씨는 끝내 "생활부조비를 10만 엔 이상 지급했으면 좋겠다"며 부조비 삭감 처분에 대한 불복심사를 신청했습니다. 이렇듯 불복심사를 신청한 사람이 후쿠시마 현 '생활과 건강을 지키는 모임'에만 100명. 그중 후쿠시마 시에서 신청한 사람이 59명이나 됩니다. 야마키 씨는 "생활보호를 받으면 인간다운 생활을 해서는 안 된다는 소리를 듣는 모양"이라고 의견진술을 했습니다.

그렇게 진행된 불복신청과 관련, 최근 후쿠시마 시 당국으로부터 답변서가 도착해 신청자들은 재반론을 진행하는 중입니다.

야마키 씨의 큰딸 내외는 후쿠시마 시내에서도 비교적 방사선량이 높은 와타리渡利 지구에 살고 있습니다.

"원전 제로가 실현되면 좋겠어요. 재가동 운운하는 건 말도 안 되는 이야기고요. 어머니는 아직도 내 고향이 최고라고 말씀하십니다. 이다테무라로 돌아가 채소를 가꾸고 싶다는 생각뿐입니다."

_ 2014년 3월 31일 자

의사로서의 첫발을 이곳에서

의료생활협동조합 와타리병원
쿠니이 료 씨

쿠니이 료^{国井綾} 씨(25세)는 4월 1일 후쿠시마 시 의료생활협동조합 와타리 병원에서 의사생활을 시작했습니다.

◎ **피난민들과의 상담**

고향에서 의사생활을 하는 것은 후쿠시마 현 이와키 시 출신인 쿠니이 씨의 오랜 바람이었습니다. 특히 동일본대지진과 도쿄전력 후쿠시마 제1원전 사고 이후 와타리병원에서 실습을 하던 중 후쿠시마 시내 가설주택 피난민들의 건강상담회 등에 참여하게 되면서 "내 고향이 의사를 필요로 한다"는 쿠니이 씨의 생각은 더욱 강해졌습니다.

3년 전 '3.11'이 일어났을 당시 의대생 신분으로 히로시마에서 진행된 의료합숙에 참가 중이던 쿠니이 씨는 소식을 듣고

병원 입구의 '한 사람은 만인을 위하여, 만인은 한 사람을 위하여'라는
표어 앞에 서 있는 쿠니이 료 씨

서둘러 귀경, 관련 정보를 수집한 후 고향으로 돌아왔습니다.

와타리병원이 가설주택에서 실시한 건강상담회, 다과회, 체조 레크리에이션 등에 참여하는 아이들이 하나같이 휴대용 방사선측정기를 차고 있던 모습은 당시 후쿠시마가 처한 현실을 상징해 주었습니다. 쿠니이 씨는 그 아이들에게 "정신과적 지원이 필요하다"는 것을 직감하고, 고향에서 의사로 일하겠다는 결심을 굳혔다고 합니다.

방사선 공포에 시달리면서도 어쩔 수 없이 후쿠시마에 머물러 살아야 하는 사람들의 현실. 쿠니이 씨는 "의학으로 통제 불가능한 수준의 방사능 오염을 피할 수 없다면, 원전을 없애는 수밖에 없다"고 확신했습니다.

"건강과 생명을 위협하는 재가동 따위 절대로 용납할 수 없습니다."

쿠니이 씨가 처음 의사가 되고 싶다는 생각을 한 것은 중학교 3학년 시절 야마사키 토요코山崎豊子 원작의 TV드라마 〈하얀 거탑〉을 보면서부터였습니다. 원래 농업이나 환경보호 관련 직업에 흥미가 있었던 쿠니이 씨는 작품 속에 등장하는 권위주의적인 자이젠 고로財前五郎와 성실하고 욕심 없는 사토미 슈지里見脩二 두 의사의 모습을 보며 "전력을 다해 환자의 목숨을 구하는 직업은 정말 보람 있겠다"고 생각했습니다.

"드라마에서 사토미는 단순히 '의사 선생님과 환자'라는 관계에서 벗어나 불안감을 느끼는 환자에게 다가가 끊임없이 소통하면서 치료하잖아요. 그런 의사가 되고 싶습니다."

쿠니이 씨는 어머니의 헌신적인 뒷바라지로 의사의 길을 걸을 수 있었습니다. 식품 관련 중간 도매업에 종사하는 쿠니이 씨의 어머니는 아들이 자유롭고 활달한 분위기에서 꿈을 키워갈 수 있도록 도와주었습니다.

◎ 환자들의 인권을 지킨다

쿠니이 씨는 의대생 시절 몇 번의 기능연수를 통해 와타리 병원과 인연을 맺었습니다. 당시 쿠니이 씨는 환자의 인권을 지키는 의료에 중점을 두는 병원의 자세와 "한 사람은 만인을 위하여, 만인은 한 사람을 위하여"라는 모토로 환자를 맞는다는 방침에 깊이 공감했다고 합니다.

와타리병원 주변에는 고농도 방사능 오염지역, 이른바 핫스팟이 산재해 있습니다. 와타리병원은 그런 환경에서 전신계수기全身計數器·whole body counter까지 갖추고 "십수 년에 걸쳐 방사능과 싸워 온" 병원으로 자리매김해 있습니다.

앞으로 소아과 의사가 되고 싶다는 쿠니이 씨. 그는 오늘도 와타리병원에서 미래를 책임질 아이들의 건강과 생명을 지키겠다는 결의를 다지고 있습니다.

"소통하는 의료의 기반 조성을 목표로 후쿠시마에 산다."

닥터 쿠니이의 선택입니다.

_ 2014년 4월 7일 자

그래도 농사를 포기할 수 없다

산직조합 고리야마 대표이사
하시모토 세이이치 씨

"이런 나쁜 짓을 해놓고 책임들을 안 져." 후쿠시마 현 고리야마 시의 산직조합 고리야마^{産直組合郡山} 대표이사 하시모토 세이이치^{橋本整一} 씨(74세)가 울분을 토했습니다.

'생업을 돌려줘, 지역을 돌려줘!' 후쿠시마 원전 소송 원고단의 일원이기도 한 하시모토 씨는 3월 25일 후쿠시마지방재판소에서 진행된 제5회 구두변론을 원고단석에서 지켜보았습니다.

◎ 계속되는 싸움

피고인 도쿄전력은 "원상회복은 기술적으로도 금전적으로도 불가능하다", "연간 20밀리시버트 이하의 방사선에 노출되었다 하더라도 이를 법적 권리를 침해받은 것으로 볼 수는 없다"등, 가해기업으로서의 아무런 자각이 없는 무책임한 주장만 되풀이할 뿐이었습니다.

하시모토 씨는 당시 상황에 대해 재판장이 사실을 해명하기 위해 피고에게 적극적으로 질문을 하는 등 "쉽게 이해할 수 있는 심리였다"고 회고했습니다. 그 과정을 지켜보며 "죽는 날까지 쉬지 않고 투쟁하겠다"는 결심을 굳혔다고 합니다.

약 40년 전 고리야마의 수원지 근처에 주민들과의 합의도 없이 식육센터 건설이 추진되어 반대운동이 확산되었을 당시, 하시모토 씨는 그 중심에 있었습니다. "모두의 요구에 의해 전개되는 운동에는 반드시 힘이 실린다"는 것이 당시의 교훈이었습니다. 최근 생업 소송 원고단에 참가할 때는 지역 동료 십수 명이 동참해 주기도 했습니다.

하시모토 씨와 동료들은 제5회 구두변론에서 이뤄진 도쿄전력과의 공방을 통해 자신들의 정당성을 확신하게 되었습니다.

3년 전 후쿠시마 제1원전이 폭발했을 당시, 하시모토 씨의 손녀딸이 다니던 고등학교 교정에서 높은 방사선량이 측정되었습니다. 그 일로 인터넷상에서 "후쿠시마 여성과는 결혼하지 않는 게 좋다"는 중상中傷이 벌어지는 것을 본 하시모토 씨는 도쿄전력에 대한 분노가 치밀어 올랐다고 합니다.

약 3헥타르의 토지에 벼농사를 짓는 하시모토 씨. "연간 600만 엔이던 수입이 절반으로 줄었다"고 합니다.

그럼에도 불구하고 농사를 포기하지 않는 이유는 환경 보

소들을 돌보고 있는 하시모토 세이이치 씨

존과 관련한 무논의 역할을 중요하게 생각하기 때문입니다. 무논은 작은 댐과도 같아서 지하수를 만들어 내고 벼의 광합성을 통해 공기를 정화시켜 줍니다. 또한 수많은 생물이 살아가는 터전이기도 합니다. 원전 사고는 바로 이 생명의 공간에 방사능을 흩뿌려 놓았습니다.

"위험하다는 생각에 전부터 원전 건설에는 반대했지만, 정말 이런 일이 일어날 줄은 몰랐어. 도쿄전력과 직접교섭을 진행할 당시에는 직접 짠 우유를 가져다가 마셔 보라고도 했지."

◎ **재생에너지의 보고**

현재 고리야마에서는 재생가능 에너지로의 전환을 위해

시민들이 공동출자한 300킬로와트시^{kwh}, 250킬로와트시, 그리고 200킬로와트시 규모의 태양열발전소 건설이 추진되고 있습니다.

"사람들이 자발적으로 시작한 일이라는 게 중요해. 이건 말 그대로 재생가능 에너지의 보고라고 할 수 있는데, 우리도 할 수 있다는 것을 보여주고 싶어."

태양열발전소는 7월부터 가동될 계획이라고 합니다.

_ *2014년 4월 21일 자*

제자들로부터 전해진 서명

생업 소송 원고
와타나베 야스코 씨

"치열하게 살아온 3년이었습니다." 후쿠시마 시에서 의사인 큰아들 가족과 함께 살고 있는 와타나베 야스코渡部保子 씨(72세)의 술회입니다.

◎ 치열하게 살아온 3년

와타나베 씨는 '생업을 돌려줘, 지역을 돌려줘!' 후쿠시마 원전 소송 제5회 구두변론(3월 25일)에서 원고 측 진술을 맡았습니다.

"손자들을 비롯한 우리의 다음 세대가 깨끗한 고향에서 자라며 긍지를 회복할 수 있도록, 정부와 도쿄전력은 하루빨리 자신들의 과실을 인정하고 두 번 다시 같은 일이 일어나지 않도록 해결을 위해 최선을 다해 달라"고 호소했습니다.

최근 원전을 "중요한 베이스 로드 전원으로 자리매김시킨다"는 아베 정권의 각의결정을 보며 "그렇다면 후쿠시마의 목소리를 전국에 확실하게 전할 수밖에 없다"는 생각을 굳혔다는 와타나베 씨.

"물론 제가 할 수 있는 일이 많지는 않습니다. 그래도 한숨이나 쉬면서 손 놓고 있기보다 '알게 된 것들'과 '납득하고 있는 것들'을 치열하게 실천하며 살고 싶어요."

미야기 현 도메^{登米} 시 이시코시마치^{石越町} 태생인 와타나베 씨는 최근 양친이 교사인 집에 태어나 자신도 교사가 된 것에

제5회 구두변론에 참여하면서
결의를 밝히고 있는
와타나베 야스코 씨

새삼 감사하고 있습니다. 교사가 된 후의 첫 부임지에서 담임을 맡았던 제자들이 '원전 제로' 요구 서명 참여 호소에 서명은 물론 1만 엔의 기부금까지 함께 보내 주는 등 사제지간의 끈끈한 인연이 지금까지 이어지고 있음을 확인시켜 주었기 때문입니다. '3.11'이 일어난 다음날인 12일, 물 배급을 받으려고 한참 동안 줄을 서 있던 와타나베 씨에게 의사인 큰아들 가족은 "병원이나 보호시설에 수용될 사람들이 대략 정해지기는 했지만, 아직 환자들이 조금 남아있는 상태. 그들의 거취가 정해진 후에 우리도 이동할 것"이라고 말해 주었습니다. 그래서 와타나베 씨도 함께 후쿠시마에 남기로 했습니다.

와타나베 씨는 "손자들만이라도 피난을 시키면 어떨까"라고 생각했지만 큰아들 가족의 결심은 바뀌지 않았다고 합니다. 그래서 불안해하는 주변 사람들과 먹거리 등 생활의 지혜를 배우는 자리에 참여하거나 혹은 그런 자리를 함께 마련하는 등의 활동을 시작했습니다.

와타나베 씨는 후쿠시마 현에 거주한 지 54년째입니다. 후쿠시마 대학 학예학부(당시)에 입학, 마쓰카와 사건의 진상을 규명하기 위한 활동이나 안보투쟁 등에 관여했습니다. 젊은 시절 영화 〈히로시마〉와 츠보이 사카에壺井榮의 소설 등에 매료되어 반전·평화에 대한 생각을 갖게 되었고, 그렇게 대학을 졸업한 후에는 후쿠시마의 중학교에서 교편을 잡았습니다.

"뭐야, 여선생이라니…"하는 남존여비 풍조 속에서 "아이들과 부모들의 공감을 이끌어내" 신뢰를 얻을 수 있도록 노력했습니다. 그런 맥락에서 '학년 소식'을 작성하면서도 "깊은 내용을 쉬운 말로 전할 수 있도록" 노력했습니다.

◎ 소설의 한 구절을 읽고

'3.11' 이후 3년이 지난 지금 아베 씨는 새롭게 마음을 다잡고 있습니다.

"방청석을 가득 메우지 않으면 '재판은 진 거나 마찬가지'라는 것이 쟁의의 상식"이라던 타지마 하지메田島一의 《신문 아카하타》연재소설 《시간의 행로》의 한 구절을 읽으면서, "원전 재판과 똑같구나"라며 모두의 참여를 호소하는 일의 의미를 새삼 실감했기 때문입니다.

"원전 사고는 평화롭게 살 권리를 빼앗아 버렸습니다. 그런데도 권력자들은 국민들에게 '후쿠시마 원전 사고는 끝났다'고 선전하고 있어요. 끝까지 그들과 싸울 겁니다. 포기하지 않고 끊임없이 진실을 전해서 공감하는 이들이 더욱 늘어날 수 있게 노력하고 싶어요. 원전의 뒤처리를 다음 세대에게 떠넘길 수는 없습니다."

_ 2014년 4월 28일 자

머나먼 봄날

치바 현 원전 소송
엔도 유키오 씨

후쿠시마 현 토미오카마치에서 도쿄 도 네리마구로 피난을 와 있는 엔도 유키오遠藤行雄 씨(81세)는 "괴로운 나날들이었다"고 동일본대지진과 도쿄전력 후쿠시마 제1원전 사고 이후 3년을 술회했습니다.

◎ "당신은 이재민이 아니다"

후쿠시마 현 토미오마치에는 전국적으로 유명한 벚꽃의 명소 '요노모리夜の森공원'이 있습니다. 2.5킬로미터 거리의 벚꽃 길에 2천 그루의 벚나무가 도호쿠 제일의 '벚꽃터널'을 이루고 있습니다.

"매년 벚꽃놀이를 즐겼다"던 엔도 씨. 하지만 동일본대지진 이후부터는 한 번도 벚꽃놀이를 하러 가지 않았습니다. "도저히 그럴 기분이 아니었던" 고뇌 속의 3년이었습니다.

미나미소마 시 하라마치에서 태어난 엔도 씨는 56세 때부터 토미오카마치에 여생을 보낼 집을 짓고 '요노모리공원'의 봄을 즐겨왔습니다.

하지만 후쿠시마 제1원전에서 8킬로미터 지점에 있던 엔도 씨의 집은 결국 사고 피해를 입었습니다. 그래서 우선 치바 현 나라시노習志野 시의 지인 집에서 신세를 지다 최근에는 딸이 살고 있는 도쿄 도 네리마 구에서 피난생활을 하고 있습니다.

엔도 씨가 정부와 도쿄전력에 손해배상을 요구하는 소송

엔도 유키오 씨와
아내 기미코公子 씨

을 제기한 것은 도쿄전력 측이 "당신은 이재민이 아니"라며 배상을 거부했기 때문이었습니다.

엔도 씨는 1년 중 3분의 2 이상을 자택이 있는 토미오카마치에서 생활하면서도 건축업에 종사하느라 현주소를 치바 현에 두었기 때문에 배상을 받을 수 없었습니다. 그래서 토미오카마치가 발행한 이재민 증명서와 주민기본대장 등을 제시했는데도 도쿄전력은 토미오카마치에 주소를 두고 있지 않다는 이유로 배상을 해 주지 않았습니다. 결국 엔도 씨는 "재판으로 시비를 가리자"고 결론내릴 수밖에 없었습니다.

이러한 상황에 처한 사람은 엔도 씨뿐만이 아닙니다. 현재 후쿠시마 현에서 치바 현으로 피난 중인 사람들 중 2차 제소까지 포함해 모두 47명이 원고단을 구성해 도쿄전력과 재판을 진행 중입니다.

◎ 완전배상은 당연

엔도 씨는 15살 무렵부터 5년간 목수 수업을 받은 후 독립했습니다. 그리고 공무점工務店을 차려 50명의 사원들을 데리고 일해 왔습니다.

"돌아갈 집도 사라지고, 모든 것을 원전 사고가 앗아가 버렸는데 책임을 지지 않겠다니 말도 안 되는 이야기지." 한때 도쿄전력 관련 작업을 해 본 경험도 있는 엔도 씨는 "완전배상은 당연하다"는 생각을 가지고 있습니다.

엔도 씨는 피난생활 중에 4번이나 병원을 드나들었습니다. 하지만 그러면서도 "어떻게든 살아남아 끝까지 싸워야 한다"는 생각으로 자신을 다잡았다고 합니다.

정부가 각의결정을 통해 원전을 "중요한 베이스 로드 전원"으로 자리매김하는 에너지 기본계획을 내놓은 것에 대해 "배상 문제 하나 제대로 해결되지 않은 상태인데 그런 언어도단이 어디 있느냐"며 분통을 터뜨리는 엔도 씨.

"눈에 보이지 않는 방사능의 위협 속에 살아가는 사람들이 이렇게나 많은데 원전을 재가동시키겠다니. 무슨 낯짝으로 그런 정책을 내놓는 거야?"

엔도 씨는 "원고가 한 사람이라도 더 모여 더 광범위하게 여론에 호소하도록 할 것"이라며 굳은 결의를 내비쳤습니다.

_ 2014년 4월 30일 자

행동의 원점은 국민주권

'원전 즉시 제로' 서명을 받고 있는
와고 슈이치 씨

후쿠시마 시 야마구치에 거주하는 와고 슈이치和合周一 씨(73세) 댁의 방사선량은 도쿄전력 후쿠시마 제1원전 사고가 일어난 이듬해 매시간 4마이크로시버트나 되었습니다.

◎ **생존권의 문제**

와고 씨가 살던 지역이 국지적으로 방사선량이 높은 핫스팟이었던 것입니다. 후쿠시마 시내에서도 선량이 높은 와타리 지구와 오나미大波 지구에 접해 있어 매스컴에 다뤄진 적은 없었지만 상당한 방사선량입니다.

"생존권이 위협받고 있구나." 고령이신 부모님과 함께 지내던 와고 씨는 직감할 수 있었습니다.

어렴풋이 전쟁을 체험한 세대인 와고 씨. B-29가 와타리

지구에 히로시마형 원폭의 모의폭탄을 투하하던 당시, 살던 집의 벽이 흰색이라 "눈에 잘 띈다"는 소리를 듣고 검게 칠해 버린 일이 있었다고 합니다. "어린 시절에 목숨의 위협을 경험한 거죠. 그때를 연상시키는 불안한 예감이 온몸을 휘감는 느낌이 들었어요."

원전 재가동을 향한 움직임과 집단자위권 행사를 용인받으려는 아베 정권의 폭주. 와고 씨는 최근에도 "자손들에게 화근을 남기게 될지도 모른다"는 불안감에 시달리고 있습니다.

1974년 4월, 후쿠시마 현 연안부에서 원전 건설 시비가 일었을 당시만 하더라도 와고 씨는 명확한 반대의사를 내비치지 않았습니다. 그러나 요즈음에는 코앞으로 다가온 방사능

"폐로가 이루어지는 날까지 원전 제로를 호소하겠다"는 와고 슈이치 씨

위협에 직면해 "원전 노"를 외쳐야 함을 강하게 인식하고 있습니다.

그런 와고 씨에게 있어 수습 선언 철회, 원전 즉각 제로, 아이들과 목숨, 그리고 생활을 지키기 위한 서명활동은 자신의 요구와 딱 맞아떨어지는 일이었습니다.

◎ 서명운동에 전력투구

'후쿠시마 산악회 피스타리(네팔어로 느긋함, 여유로움)', '후쿠시마 오페라 연구회', '문화의 관館·후쿠시마 크리에이션 센터' 등에서 회원으로 활동하고 있는 와고 씨. 서명부를 들고 가 회원들에게 협력을 요청했습니다.

그들 대다수가 기꺼이 서명에 동참해 주었습니다. 그 과정에서 "즉각 원전 제로를 실시해도 괜찮겠느냐"는 질문을 가장 많이 받았습니다. 그래서 "당장 원전이 사라지더라도 전기는 충분하다는 것, 재생 가능한 자연에너지로 전환하기만 하면 안전한 그린 에너지를 확보할 수 있다는 것 등을 이야기해 주니 다들 두 말 않고 서명했다"고 합니다.

후쿠시마 의료생활협동조합 지부장이기도 한 와고 씨는 방사능 관련 학습회에 참가해 방사능이 "분명히 위협적"이라는 점도 제대로 배웠습니다. 측정기를 가지고 조합원들의 집을 돌며 직접 방사선량을 재보기도 했습니다.

"물론 높은 방사선량이 계측될 때는 '얼른 피난을 가야겠다'는 생각도 들었어요. 하지만 나이 드신 부모님을 모시고 있다 보니 그것도 쉽지 않더라고요. 그래도 제염을 철저하게 해서 수치를 경감시키면 위기를 넘길 수 있지 않겠어요."

와고 씨는 결국 그런 생각으로 후쿠시마에 머물게 되었습니다.

"정부가 신 에너지 기본계획을 통해 원전을 베이스 로드 전원으로 자리매김하고 원전 재가동과 원전 수출을 추진하려 해서 위기감이 고조되고 있습니다. 이런 상황까지 오게 될 줄 몰랐어요. 원전 제로를 요구하는 서명에 지금까지 500명이 동참해 주었습니다. 지금은 1000명을 목표로 하고 있고요. 제 행동의 원점은 국민주권의 헌법 정신입니다. 완전한 폐로가 이루어질 때까지 싸울 생각이에요."

_2014년 5월 9일 자

'원전 제로'를 향한 마음을
노래에 담아

포크밴드 '이와키 피라미 학원'
구보키 츠토무 씨

포크밴드 '이와키 피라미 학원'의 멤버 구보키 츠토무久保木力 씨(48세)는 후쿠시마 현 이와키 시에 살고 있습니다. 직업은 택배기사. 치바 현에서 태어난 그는 생후 1년 무렵 숙부의 양자가 되어 이와키 시에 왔습니다.

"운전수를 하면서 전국을 돌아다녀봤지만, 저한테는 이와키가 제일 살기 좋은 곳이더라고요." 구보키 씨는 초등학교 5학년 무렵 합창대회 연습을 하다 음악 선생님으로부터 "그냥 노래 부르는 시늉만 하라"는 말을 듣고 트라우마가 생겼습니다. "그날 이후로 사람들 앞에서 노래를 부르면 비웃음을 당하는 것 같아서 어른이 될 때까지 아예 노래를 못 하게 되었어요."

그러던 어느 날 친구로부터 "요즘 노래실력이 늘었다"는 칭찬을 듣고 자신감을 회복해 이와키 시내의 개창 운동 서클에 참가했습니다. 그 후 보육원 학부모 등이 모여 만든 '이와키 피라미 학원'에까지 합류하게 된 것입니다.

"방사능이 오염시킨 / 작은 무논 / 전답을 버려두고 / 도망가는 사람들을 / 보았던 그날부터 / 서 있네" 구보키 씨가 만든 '허수아비'라는 노래의 가사입니다.

피라미라는 표현은 보통 '잡스러운 것' 등의 의미를 담아 야유하는 데 쓰이는 경우도 있습니다. 하지만 구보키 씨는 자신의 밴드활동에 대해 "음악적으로는 초보일지 모르지만 노래에 담긴 마음, 전하고 싶은 메시지는 누구보다도 강하다"고 말합니다.

◎ 인생을 뒤바꿔놓은 사고

동일본대지진과 도쿄전력 후쿠시마 제1원전 사고에 대해 구보키 씨는 이렇게 말합니다. "인생을 뒤바꿔 놓은 사고였습니다. 원전은 제가 철이 들었을 무렵 벌써 다 지어져 있었어요. 사실 그렇게 위험한 존재일 거라고 의식해본 적이 없었습니다. 그런데 원전 사고가 일어나면서 그 본질을 자각하게 된 거죠."

구보키 씨는 "방사선량이 비교적 낮은 지역이라고 해도 정말 아이들이 아무런 영향 없이 자랄 수 있을까 하는 불안감" 때문에 정부와 도쿄전력에 손해배상을 요구하는 후쿠시마 원전 피해 이와키 소송의 원고가 되었습니다.

'이와키 피라미 학원'은 원전 사고 이후 '멍텅구리 원전'이라는 타이틀의 음반을 제작했습니다.

"원전이 터지고 / 방사능이 날아와 / 할매 할배 같이 살던 우리 집 / 날아가 버렸네 / 멍텅구리 / 쿵쿵 / 새카맣게 타버렸네 / 멍텅구리 / 원전 / 이제는 필요 없어!" 이 음반에는 이 '멍

구보키 츠토무 씨

텅구리 원전' 외에도 구보키 씨가 작사한 '허수아비', '우리들의 자화상' 등 지진과 원전 사고를 테마로 한 노래 10곡이 수록되어 있습니다.

◎ **주민들의 생생한 목소리를**

"CD를 많은 분에게 들려드려서 원전 사고에 대한 여론을 조성하고 싶어요. 후쿠시마 주민들의 생생한 목소리를 전하는 거지요. 후쿠시마를 향한 꾸밈없는 마음을 노래한 곡들을 담았습니다."

"우리의 노래가 원전에 의지하는 정치·경제를 뜯어고치고, 원전을 일본에서 추방하는 일의 발판이 되었으면 한다." CD에 담긴 '이와키 피라미 학원'의 바람입니다.

_ 2014년 5월 11일 자

피난민의 건강 악화가 걱정

간호사
야시로 아키코 씨

간호사가 된 지 40년을 맞는 야시로 아키코八代明子 씨(67세, 후쿠시마 시 거주)가 가장 신경 쓰여 하는 것은 가설주택에 사는 피난민들의 건강 문제입니다.

"밤에 잠이 오지 않는다", "가슴이 몹시 두근거린다", "혈압이 너무 높다" 등 후쿠시마 의료생활협동조합에 건강문제로 고심하는 가설주택 피난민들의 상담이 줄을 잇고 있기 때문입니다.

실제로 야시로 씨는 좁디좁은 가설주택 생활의 스트레스에서 기인한 건강 피해 실태를 직접 목도해 왔습니다. "요즘 집회소에서 상담을 진행하는데 집회소까지 오고 싶어도 오지 못하는 분이나 아예 올 생각조차 하지 않는 분들이 정말 걱정입니다. 고독사의 위험이 있거든요."

◎ 뭐든 해야 한다

야시로 씨는 작년 3월 '생업을 돌려줘, 지역을 돌려줘!' 후쿠시마 원전 소송 원고단에 합류했습니다. 그리고 원고단에서 진행한 학습회에 참가하면서 원전 사고의 부조리에 대해 배울 수 있었습니다. "뭐든 하지 않으면 후쿠시마에서 일어난 일들이 잊힐지도 모른다"는 위기감을 느낀 야시로 씨는 원전 제로 후쿠시마 금요행동에 참가하기 시작했습니다.

그리고 그해 7월 아베 정권이 참의원선거 정책으로 원전 재가동 방침을 내놓는 것을 보면서부터는 "후쿠시마의 목소리를 끊임없이 발신해야겠다"는 생각으로 젊은이들과 함께

후쿠시마 금요행동에 참가해 원전 제로 서명을 호소하고 있는 야시로 아키코 씨

행동하고 있습니다.

"낮은 방사선량이라도 정말 피폭이 장래에 아무런 영향도 끼치지 않을까요? 아직 그런 문제도 해결되지 않았는데 재가동이라니 절대 반대입니다. 저도 천식이나 류머티즘 등 지병이 있어서 건강에 주의하면서 나름대로 목소리를 높이고 있어요."

간호사가 된 동기는 의료사무 관련 업무에 종사할 당시 사람의 생명을 구하는 일의 중요성을 깨닫고 깊이 감동했기 때문이었습니다.

"사람과 마주하는 일이라는 매력이 있었습니다."

간호학교에 다니기 위해 가고시마에서 상경해 간호학을 배우고 간호사 자격을 취득했습니다. 그리고 지금은 폐지된 도쿄도립양육원東京都立養育院에 근무했습니다. 당시 도쿄도립양육원에는 방문간호부가 없었는데, 환자 가운데 신경 쓰이는 사람이 있었습니다. "그래서 병원 측의 허가를 받아 개인적으로 방문간호를 했지요. 폐기종 환자였는데, 어느 날은 '죽기 전에 고향 히로시마에 돌아가고 싶다'고 하는 거예요. 그래서 자원봉사로 히로시마까지 동행해 주었습니다. 그때의 기뻐하던 얼굴을 지금도 잊을 수가 없어요." 야시로 씨는 간호사로서 보람을 느낀 자신의 경험을 차분히 이야기했습니다.

시아버지가 갑자기 돌아가신 것을 계기로 남편의 친가가

있는 후쿠시마 현으로 이주한 지 올해(2014년)로 26년째인 야시로 씨. 도쿄전력 후쿠시마 제1원전 사고 이후의 3년에 대해 "정말 갈수록 태산이구나 싶었던, 지옥 같은 3년이었다"며 몸서리를 칩니다.

대지진 당시 자택의 반이 허물어진 야시로 씨는 열흘간 피난처인 체육관에서 지냈습니다.

결국 자택이 해체공사에 들어가면서 아파트로 이사를 가게 되는 바람에 가족이나 다름없던 애견 '나츠夏짱'과 고양이 '유우ゆう', '라마らま짱' 등과도 헤어질 수밖에 없었습니다. 하지만 좁은 아파트 생활로 자녀들과의 관계까지 불편해졌고, 평소와 다른 생활을 강요받는 환경에서 결국 야시로 씨는 류머티즘이 도져 더 이상 자동차 운전조차 불가능하게 되었습니다. 그러면서 "대지진과 원전 사고만 아니었어도 이런 불행한 상황과 맞닥뜨릴 일은 없었다"는 생각이 더욱 강해졌습니다.

◎ 증세는 말도 안 되는 일

"최근의 주 수입원은 연금입니다. 그렇다 보니 소비세가 오르면 엄청난 타격을 입어요. 식비를 줄일 수밖에 없는 거죠. 가설주택에 사는 우리 처지를 생각해 보면 이렇게 말도 안 되는 일도 없습니다."

그럼에도 불구하고 수습 선언, 원전 재가동과 수출 등 줄곧 후쿠시마 사람들의 속을 뒤집어 놓고 있는 아베 총리의 폭주에 야시로 씨는 말합니다.

"절대 용서 못 해요. 원전 즉각 제로, 증세 반대는 피해지역 후쿠시마의 바람입니다."

_ 2014년 5월 19일 자

원전의 상흔을 기록하다

고리마치 향토사 연구회 회장
스즈키 후미오 씨

후쿠시마 현 고리마치桑折町 향토사 연구회 회장 스즈키 후미오鈴木文夫 씨(67세)는 그간 지역의 역사 편찬 업무에 관여해 왔습니다. 또한 고리마치 문화재 보호 심의위원회 위원을 맡고 있기도 합니다. 처음 향토사 연구와 인연을 맺은 것은 영업 일에 종사하고 있을 때였습니다. "기다리는 시간을 활용해서 주민회관 등에 비치된 향토사 문헌을 읽은" 것이 계기였습니다.

'3.11'이 일어난 해 11월 큰 병을 앓은 스즈키 씨는 남은 인생 동안 기필코 해내고 싶은 일이 두 가지 있습니다.

하나는 '생업을 돌려줘, 지역을 돌려줘!' 후쿠시마 원전 소송에 승소하는 일입니다. 스즈키 씨는 원고단 후쿠시마 지부 운영진입니다.

다른 하나는 고리마치의 재해사災害史 정리입니다. 동일본대지진과 도쿄전력 후쿠시마 제1원전 사고가 고리마치에 가져온 상흔을 기록하고 싶기 때문입니다. 이와 관련해 후쿠시마 시 북부의 스리카미摺上강으로부터 취수, 고리마치, 구니미마치를 거쳐 다테 시에 이르는 28킬로미터 거리의 농업용수로인 니시네제키西根堰에 관한 문헌리스트를 작성하고 싶어 합니다.

◎ **계속되는 여진 속에서**

스즈키 씨는 대지진 이후 여진이 계속되는 가운데 치료를 받은 경험이 있습니다. 당시 그는 무균실 침대 위에 있었는데, 자유롭게 걷지도 못하는 상황에서 내내 여진이 이어졌다고 합니다. 야간 당직 근무를 하던 간호사는 병원 전체를 통틀어 고작 두 명 뿐. "지진이 심해져 피난해야 하는 상황이 오면 약자는 결국 버려질 수밖에 없다"는 생각이 들어 공포를 떨칠 수 없었습니다. 병약한 아내와 장모의 상황도 걱정이었습니다.

그 와중에 개호시설에 입소해 있던 장모도 건강이 악화되어 입원을 하고 말았습니다.

"입원하신 지 일주일 만에 돌아가셨습니다. '부담을 주고 싶지 않다'는 생각에 먼저 가신 걸까요…." 스즈키 씨의 말에 애통함이 배어 나왔습니다.

그리고 "이 일을 기회로 삼아 원전 제로를 이뤄야 한다. 재가동은 말도 안 되는 이야기"라고 다짐하고, 정부와 도쿄전력에 책임을 묻는 생업 소송의 원고가 되었습니다.

◎ 변화된 거리 풍경

고리마치는 에도시대부터 이름난 감의 명산지였습니다. 그러나 방사능 피해는 거리 풍경을 완전히 바꿔 놓았습니다. 고리마치에서도 반건시의 출하 자숙이 시작된 것입니다.

반건시 생산에 쓸 수 없게 된 감이 밭에 산더미처럼 쌓여 갔습니다. 일손을 구할 수 없는 농가에서는 감이 다 익어 떨어질 때까지도 아무 신경을 쓰지 못했습니다. 심지어 감이 가지에 그대로 달린 채 겨울을 나는 집도 있었습니다.

스즈키 후미오 씨

결국 지역의 풍물시風物詩이기도 했던 '감 말리기'의 황금색 풍경도 사라졌습니다.

"그런 살풍경은 정말 처음이었어요."

반건시를 만드는 전통기술이 사라져 버리는 건 아닐까 걱정이 될 정도였습니다. "도쿄전력은 그냥 변상이나 해 주는 걸로 마무리하고 싶은 모양인데, 그렇게 끝낼 문제가 아닙니다."

스즈키 씨의 아내 요코庸子 씨(63세)의 집안은 800년 전부터 농사를 지으며 살아왔습니다. 당시 고리마치는 불모의 땅이었기에 무논과 밭 외에도 일상생활을 유지하기 위해 많은 것들을 산에서 얻어야 했습니다. 그렇기 때문에 사람들은 산나물과 작은 짐승들, 심지어 음료수의 공급원이기까지 했던 산을 무엇보다 소중하게 생각했다고 합니다. 하지만 원전 사고는 그런 산을 방사능으로 오염시켜 버렸습니다.

"이곳에는 일족의 세대를 뛰어넘은 노력과 토지에 대한 애착이 스며 있습니다. 선조와 자손들을 대신해 정부와 도쿄전력에 책임을 물을 거예요."

_ 2014년 5월 26일 자

손자 세대에 불안을 남기고 싶지 않아

후쿠시마 금요행동 참가자
다카하시 히사코 씨

후쿠시마에 사는 다카하시 히사코^{高橋久子} 씨(69세)는 즉각 원전 제로를 호소하는 후쿠시마 금요행동에 아들 부부 가족과 함께 "거의 매번 참가해 왔다"고 합니다.

후쿠시마 시내 '거리 광장'에서 오후 6시부터 1시간 동안 "전기는 충분하다! 재가동 반대!", "바다로 흘려보내지 말라! 오염수!", "수습 선언 철회하라!" 등의 구호를 외치고 드럼과 탬버린, 심벌즈 등의 타악기를 두드리며 대중에게 어필하는 금요행동은 현재 1년 10개월 가까이 계속되고 있습니다.

◎ 분노 속에 시작된 행동

금요행동이 "모두의 의사 표시를 가능하게 하는 표현 방법"이라고 생각하는 다카하시 씨. 그녀가 특히 이 활동에 열의를 보이는 이유는 "아무 걱정 없이 모든 것을 당연하게 누렸던 생활이 원전 사고로 파괴되어 버린 것에 대한 분노" 때문입니다.

다카하시 씨는 "밭에서 직접 채소를 가꿔 먹는 즐거움"이 사라지고 "자유롭게 밖에서 뛰놀던 아이들조차 행동을 제한받게 되는" 등, 방사선량 측정 없이 살아갈 수 없는 비일상적 행태를 강요받는 상황이 너무나 감당하기 힘들었습니다.

피난을 가야 하나? 이대로 후쿠시마에서 아이들을 키울 수 있을까? "가족 전체가 고민했습니다. 그렇지만 결국 우리 가족은 후쿠시마에 남아 아이를 키우기로 결정했어요." 그 이후부터 다카하시 씨는 매순간 "다음 세대를 위한 거름이 되어야 할 우리가 아이들에게 늘 의연한 모습을 보여야 한다"는 각오

금요행동에 지속적으로 참여하고 있는
다카하시 히사코 씨

를 다지고 있습니다.

"우리 세대가 동요하면 지금 아이들을 키우고 있는 세대는 물론 그 다음 세대까지도 불안을 느낄 수 있기 때문"입니다.

"도쿄전력 후쿠시마 제1원전이 사고를 일으켜 방사능 피해가 속출하는 것은 피할 수 없는 현실입니다. 이 현상을 냉정하게 받아들이면서 최대한 슬기롭게 살아가야죠." 이러한 생활을 위해 다카하시 씨는 늘 학습과 식품 방사능 측정을 게을리하지 않습니다.

◎ 재가동은 용납할 수 없다

"자신의 자리에서 할 수 있는 일들을 하겠다"는 결심을 굳히면서부터 다카하시 씨는 "후쿠시마에서 원전 제로를 요구하는 목소리를 높여야 한다"는 판단을 내리고, 전보다 적극적으로 행동하기 시작했습니다. 그래서 최근에도 의료생활협동조합과 연계한 활동으로 '원전 즉각 제로'와 '아이들·생명·생활'을 지키기 위한 백만인 서명운동 등에 열정적으로 참여하고 있습니다.

"모든 것을 당연하게 누릴 수 있었던 생활이 파괴된 후 아직 어떤 변화도 일어나지 않았는데 재가동이라니 절대로 용납할 수 없다"면서 아베 총리의 폭주에 분노를 감추지 못하는 다카하시 씨.

"후쿠시마에서는 아직 어떤 수습도 이뤄지지 않은 상태인데 마치 아무 일도 없었다는 것처럼 모든 일이 다 해결되었다는 식의 태도를 보이는 정부를 결코 용인할 수 없습니다."

금요행동 참가자가 더 많이 늘어났으면 좋겠다는 바람을 가진 다카하시 씨는 오늘도 말합니다.

"후쿠시마 사람들이 침묵해서는 안 됩니다. 현실을 냉정히 바라보고 인식하며 지속적으로 반대여론을 고조시켜야 해요. 우리가 당하고 있는 고통을 다른 누구에게도 맛보게 하고 싶지 않다면 말입니다."

_ 2014년 5월 29일 자

농토를 잃은 분노

나미에마치에서 피난을 나온
사토 토미코 씨

"어서 부흥(공영)주택을 지어 주었으면 좋겠습니다."

사토 토미코佐藤富子 씨(70세)는 얼마 후면 나고 자란 후쿠시마 현 나미에마치에서 후쿠시마 시의 시노부다이 가설주택으로 떠나온 지 3년을 맞습니다.

사토 씨는 좁고 스트레스로 가득 찬 가설주택 생활에서 해방되는 날만을 손꼽아 기다리고 있습니다. "어차피 후쿠시마에서 살 거라면 미나미소마 시에 지어지는 부흥주택으로 들어가고 싶은데, 아직 입주자 모집도 시작되지 않았다"면서 정보의 부족과 늦어지는 부흥 사업에 애간장만 태우고 있습니다.

◎ 가설주택 근처 밭을 가꾸며

사토 씨의 집은 나미에마치에서 약 4만5천 제곱미터 규모의 논을 경작하던 농가였습니다. 친정도 농사를 지었습니다. "예전에 익힌 솜씨"로 가설주택 근처의 밭을 빌려 가지, 오이, 토마토, 호박, 수박, 메론 등을 재배하고 있습니다. 밭일을 하다 보면 "스트레스가 해소된다"고 합니다.

동일본대지진이 일어난 3월 11일에는 김매기를 하고 있었습니다. 그러던 중 한 번도 경험해 본 적 없는 진동을 느끼며 "겁에 질렸다"고 합니다. 집 유리창이 산산조각 나 이튿날에는 비닐하우스에서 밤을 보내야 했습니다.

그리고 결국 나미에마치 전 주민이 피난을 떠나게 되었습니다. 그렇게 미나미소마 시, 니가타 현 등의 피난소를 전전하다 남편과 91세의 시어머니, 두 명의 아이들까지 다섯 명의 식구가 후쿠시마 시 소재의 응급가설주택에서 함께 살게 되었습니다. 올해(2014년) 4월 나미에마치 일부 지역에서 원전 사고 후 처음으로 시험 재배가 시작되었습니다. 나미에마치에서의 모내기는 4년만이었습니다.

◎ 시험 재배 대상 제외

하지만 사토 씨의 논은 시험 재배 대상에서 제외되었습니다. "모내기를 할 수 없어 분하다"고 합니다. "농사일은 힘들었지만, 그래도 가을에 추수하는 즐거움을 생각하면서 이겨낼 수 있었지요."

"부흥주택 건설을 서둘러 달라"고 호소하는 사토 토미코 씨

볍씨 파종부터 논 갈기, 모내기, 물대기, 벼 베기 그리고 출하에 이르기까지 벼농사는 "여든여덟 번 손이 간다"고 합니다.

"트랙터 같은 농기구가 없어서 모내기도 다 손으로 하려다 보니 허리에 부담이 가서 괴로웠다"는 사토 씨. 하지만 농토를 빼앗긴 70세의 그녀가 일할 수 있는 곳은 어디에도 없었습니다. "여유는 생겼지만 보람이 없어졌다"면서 방사능에 논이 오염되어 고향을 빼앗긴 현실에 울분을 삼킵니다.

"정말 나미에로 돌아갈 수 있는 걸까요? 돌아가더라도 농사일은 할 수 있을까요? 다시 농사를 지어 생활을 꾸릴 수 있게 될 때까지 계속적으로 배상을 진행해 주었으면 좋겠습니다."

사토 씨네 논은 3년간 방치된 상태입니다.

"논에 잡초가 우거지고 수로도 무너져 버렸어요. 일시 귀가를 할 때마다 급한 대로 풀부터 베 놓고 돌아옵니다. 아직 희망은 보이지 않지만요."

작은 딸이 피난 후에 결혼해 지난해 11월 손녀를 본 사토 씨는 딸이 가끔 부탁할 때마다 아이를 봐주고 있습니다.

"아이들과 손주들을 위해서라도 원전 재가동에는 반대합니다. 전부 폐로를 시켜야 해요."

나미에마치 농가의 바람입니다.

_ 2014년 6월 8일 자

원전이란 존재해서는 안 되는 것

생업 소송 원고단 아이즈 지부 대표
다카이 마사오 씨

다카이 마사오高井昌夫 씨(67세)는 '생업을 돌려줘, 지역을 돌려줘!' 후쿠시마 원전 소송 원고단 아이즈会津 지부 대표입니다. 원고단에는 1600명의 아이즈와카마쓰 시 피해자들이 참여하고 있습니다.

◎ **나라 현에서 이주**

다카이 씨는 간사이와 아이즈 사투리가 뒤섞인 독특한 말투를 구사합니다.

니시아이즈西会津에 사는 지인의 권유로 나라 현에서 이주해 온 지 40년. '본고장 간사이関西 오코노미야끼 · 타코보たこ坊'를 운영하며 토산물 도매업도 하고 있습니다. "상승세를 타고 있었는데 매상이 '팍' 곤두박질쳐 버렸다"면서 도쿄전력 후쿠

원전 사고의 피해를 호소하는 다카이 마사오 씨(오른쪽)와 가족들

시마 제1원전 사고 이후 입게 된 소문 피해의 실태를 증언하는 다카이 씨.

"전에는 학생들이 인터넷을 보고 찾아오기도 했는데, 원전 사고 이후부터는 전혀 오지 않더라고요. 근처 후지쯔富士通 공장 등에서 일하시는 분들도 회식을 자제하고 술자리 자숙이 지금까지 이어지는 상황입니다."

"지역에서 나는 채소가 값도 싸고 신선해서 좋았다"고 합니다. 하지만 후쿠시마산 양배추 등을 쓸 수 없게 되면서 부득이하게 다른 지방에서 들여온 채소를 쓸 수밖에 없었습니다.

"98엔이면 되던 양배추에 350엔이나 들여야 하는 상황이 되었지요. 파도 교토산을 쓰려니까 홋카이도에서 오는 트럭이 물건을 니가타까지밖에 날라주지 않는 거예요. 방사능이 무서워 '후쿠시마까지는 못 오겠다'는 거죠. 교토에서는 '어떻게 된 거냐'면서 전화가 걸려오고…"라며 3년 전의 혼란스럽던 시기를 회고하는 다카이 씨.

아이즈 번호판을 단 차가 도쿄에 가면 가솔린도 넣어 주지 않았습니다. 요금을 지불하려고 하면 "잠깐만 기다리라"면서 장갑을 가져와 끼고 나서야 받아 주는 사람도 있었습니다. 심지어 차에 흠집이 나기도 했습니다.

"차는 그렇다 치고 마음에 난 흠집은 지워지지 않더라고요."

작은 딸 다케후지 타에^{武藤妙} 씨(32세)는 중학생들에게 육상을 가르쳤습니다. "현 내에서 톱클래스의 실력을 가진 학교였습니다. 하지만 다른 지역에서 실력을 발휘할 기회가 사라져서 모두들 꿈을 단념해야 했어요."

다카이 씨는 오코노미야끼 가게를 운영하는 외에도 호텔, 료칸^{旅館}, 드라이브인 등에 아카베코^{赤べこ}(붉은 소 인형)와 오뚝이, 토주^{土酒}, 만주 같은 민예품을 공급했었습니다.

◎ **방치되었다**

그러나 "(매출이) 60%나 줄어들었다"고 합니다.

"NHK 대하드라마 〈야에의 벚꽃^{八重の桜}〉 때문에 관광객이

늘었는데도 손님이 오지 않는 건 관광회사와 제휴한 드라이브인 때문이지요. 지역에 파급효과가 생기지 않는 겁니다. 8할에서 9할 정도가 이전 상태로 돌아왔다 하더라도 도매업은 평균을 유지할 경우 남는 게 없어요."

아이즈 지방은 비교적 방사선량이 낮다는 이유로 "방치되었다"고 합니다. 정부와 도쿄전력이 "엄청난 일을 저질렀다"는 다카이 씨.

"방사능이 날아오게 만들어 놓고 뒷수습은커녕 방치하고 있잖습니까. 원래의 후쿠시마로 되돌려놔야 하는 거 아닙니까."

그래서 다카이 씨는 오늘도 혼을 담아 외치고 있습니다.

"원전이란 애초부터 존재해서는 안 됩니다."

_ 2014년 6월 10일 자

생업 소송, 인생의 마지막에

두 번의 지진재해를 경험한

엔도 마사요시 씨

후쿠시마 현 가와마타마치에 거주하는 엔도 마사요시^{遠藤正芳} 씨(67세)는 한신^{阪神} · 아와지^{淡路} 대지진과 동일본대지진을 모두 경험했습니다.

한신 · 아와지 대지진 당시 엔도 씨는 교토 부 우지^{宇治} 시에 살고 있었습니다. 진도는 5. 다행히 엔도 씨의 집은 괜찮았지만 다른 지역에서는 가옥이 피해를 입은 사례도 많았습니다.

◎ 지원활동에 참여

엔도 씨는 "고베의 상황이 심각하다"는 것을 알아차리고 당시 일하던 기관지 협회의 조사활동에 참여해 오사카, 고베의 피해현장 지원활동에 뛰어들었습니다.

엔도 씨는 군 생활을 했던 부친 때문에 중국에서 태어났습니다. 부친의 친가가 있던 가와마타마치로 돌아온 것은 6살 무렵. 그리고는 18살이 되어 교토의 대학에 진학할 때까지 쭉 가와마타마치에서 살았습니다.

"산으로 놀러가거나 강에서 낚시 등을 하며 친구들과 어울렸지요. 풍요로운 자연에 둘러싸인 고향, 가와마타마치는 엄마 품처럼 따뜻한 곳이었습니다."

대학에서는 기숙사와 학생자치회의 민주화를 위해 활동했습니다. 그리고 사회에 나가서는 기관지협회와 차지借地·세입자조합 상임사무국 등 민주단체의 사무국에서 일했습니다.

정년을 맞은 엔도 씨가 고령인 양친을 보살피기 위해 가와마타마치로 돌아온 것은 동일본대지진이 일어나기 약 3개월

생업 소송의 합숙에 참가한 엔도 마사요시 씨

전. "2010년 12월 30일 고향으로 돌아왔습니다."

그리고 2011년 3월 11일. 격렬한 진동이 시작되었습니다. 지붕의 기왓장 50장이 떨어져 내렸지만 다행히 가옥의 손괴는 면했습니다.

엔도 씨는 한신·아와지 대지진 때의 경험을 살려 지진해일이 덮친 미나미소마 시와 소미 시로 달려가 가설주택에 모포 등 구원물자를 전달하는가 하면 상담활동에도 관여했습니다.

◎ 원전만 없었어도

엔도 씨는 미나미소마 시 코다카 구역에서 원전 사고의 심각한 피해를 목격했습니다. "말 그대로 죽음의 거리였습니다. 시간은 멈추고, 사람들이 돌아오지 않는…. 원전만 아니었어도 부흥이 더 빨리 이뤄질 수 있었을 거예요. 멍청한 소리지만 당시 저는 후쿠시마에 원전이 있다는 사실조차 까맣게 잊고 있었습니다."

하마도리 연안부 이재민들이 가와마타마치로 피난을 왔습니다. 하지만 가와마타마치에도 야마키야山木屋 지구 등 방사선량이 높은 핫스팟이 있었습니다. 결국 야마키야 지구가 계획적 피난지구로 설정되면서 그곳에 살던 주민들도 피난생활로 내몰리게 되었습니다. 그 후 2013년 12월 야마키야 지구 35세대 142명, 2014년 5월 21일 35세대 119명의 주민들이 후쿠시마지방재판소 이와키지부에 소송을 제기, 도쿄전력의 책임을 추궁하고 있습니다.

엔도 씨는 이 소송과 별도로 정부와 도쿄전력에 원상회복과 손해배상을 요구하는 생업 소송에도 참가하고 있습니다.

"원전 사고의 무서움과 불합리함, 그리고 피해자들의 분노를 세상에 알리고 싶습니다. 원전 사고 때문에 파괴된 지역공동체도 재생시키고 싶고요. 이 싸움을 위해 운동에 참여하게 되었습니다."

엔도 씨는 생업 소송을 "남은 인생의 마지막 싸움"이라 생각하고 있습니다.

_ 2014년 6월 14일 자

4장

내일을 향해, 앞만 보고 간다

(2014년 6월 17일 자 ~ 2014년 11월 5일 자)

끊임없이 찍어 '후세에 남긴다'

아마추어 사진가
와타나베 코이치 씨

후쿠시마 시에 거주하는 아마추어 사진가 와타나베 코이치 渡部幸一 씨(73세)는 '후쿠시마의 오늘'을 사진에 담고 있습니다. 후쿠시마에 사는 사람이 아니고서는 찍을 수 없는 리얼한 사진들을 기록하고 있는 것입니다.

◎ **낙농가의 죽음**

원전 사고로 방치되어 아사한 소의 두개골, "원전만 없었더라면"이라는 항의 유서를 남기고 세상을 등진 '낙농가의 죽음', '텅 빈 축사', 지역 전체가 피난을 떠나 버린 나미에마치의 우케도초등학교 교실 칠판에 "꼭 돌아올 거야!"라고 써 놓은 학생들의 원통한 마음.

6월 26일부터 29일까지 후쿠시마 시 후쿠시마 테르사 갤

러리福島テルサギャラリー에서 열린 '사진과 회화의 2인전'에 이 중 몇 점의 사진이 전시되었습니다.

와타나베 씨는 38년간 중학교에서 영어를 가르쳤습니다. 퇴직 후 본격적으로 사진을 찍기 시작한 지 14년째. 일본 리얼리즘 사진집단의 전국공모전인 제37~39회 '시점전視点展'에 연달아 입선하기도 했습니다.

후쿠시마 현 미나미소마 시 코다카 구역에서 나고 자란 와타나베 씨. '3.11' 이후 코다카에 소재한 모교인 가네부사金房 초등학교 하토바라鳩原분교와 가네부사중학교(지금은 코다카중학교에 통합), 그리고 후쿠시마 제1원전에서 5킬로미터 권역에 있는 현립후타바고등학교 등은 현재 텅텅 비어 있습니다.

전시되었던 사진을 보여주는 와타나베 코이치 씨

이와키 시 이와키메이세이대학ぃゎき明星大学 내에 위성캠퍼스를 설치해 수업을 계속하고 있는 후타바고등학교는 내년부터 더 이상의 신입생을 모집하지 않고 중고 통합교로 전환됩니다. 지금 3학년을 다니는 학생들이 졸업하고 나면 "모교가 없어진다"며 어두운 표정을 짓는 와타나베 씨.

대지진 이후 고향을 찾아갔지만 출입금지 상태로 바리케이드에 막혀 있었습니다. 와타나베 씨는 "왜 내 고향에서 도망칠 수밖에 없었을까", "왜 논밭에서 수확한 것들을 자유롭게 먹을 수 없게 되었나"하는 생각에 울분을 삼키며 연신 셔터를 눌렀다고 합니다.

◎ **지역에 밀착해서**

초등학생 시절부터 사진을 좋아해 잡지 부록으로 받은 카메라를 가지고 놀았습니다. 1963년 후쿠시마대학을 졸업한 후부터는 교사가 되어 학교행사나 졸업기념 사진 등을 찍었습니다.

자연과 기후, 풍토 등을 찍기보다 인물의 표정이나 생활 등에 초점을 맞추고 "지금 내가 하지 않는다면 누가 이것들을 후세에 남겨 주겠느냐"는 생각으로 지역의 모습을 담은 사진을 많이 찍고 있습니다.

'3.11' 이후 와타나베 씨의 생활은 "완전히 달라졌다"고 합니다. "방사선이란 무엇인가에 대해 원점에서부터 공부"했기 때문입니다. 자택 주변에도 방사선량이 높아 지역 유지들의 협조를 받아 측정을 진행하고 지역 방사능 지도를 작성했습니다.

"아들 직장 때문에 피난을 가기 어려워 후쿠시마에 남을 수밖에 없었습니다. 이런 상황이라면 결국 원전을 제로로 만드는 것밖에 방법이 없다는 결론을 내리고 반(反)원전 집회에 적극적으로 참가하면서 3년을 보냈고요."

교육현장에 있던 시절 "제자들을 다시 전쟁터로 보낼 수 없다"는 입장으로 일관해 왔다는 와타나베 씨. 최근에는 집단자위권 행사를 용인해 일본을 전쟁하는 나라로 바꾸려는 책동에 강한 위기감을 느끼고 있습니다.

"모친은 전쟁으로 홀로 되셨습니다. 타고 있던 배가 격침되어 아버지가 전사하셨거든요. 전쟁이 끝난 후 어머니는 혼자 저를 키우셨습니다. 그 내용을 이번 전시회에 소개된 '어머니'라는 작품에 표현하기도 했는데요. 제 어머니가 살아온 이런 삶을 보더라도 전쟁은 두 번 다시 일어나서는 안 됩니다. 집단자위권 행사 용인에 절대 반대예요."

_ 2014년 6월 17일 자

총리는 아무 말도 듣지 않아

다테 · 니이야공원을 지키는 모임
오노 카즈코 씨

후쿠시마 현 다테 시 니이야二井屋공원을 지키는 모임의 오노 카즈코小野和子 씨(72세)와 다테 시 후시구로伏黑 지역의 이웃들은 70아르 면적의 공원에 수십만 개의 양귀비와 창포를 기르고 있습니다. "5월에서 6월 중순 무렵까지가 제철이라 무척 보기 좋은데요. 올해는 기록된 것만 1600명의 방문객이 다녀갔습니다."

신타츠信達(옛 시노부信夫 군과 다테 군.―옮긴이) 일대에서 제일가는 벚꽃의 명소인 니이야공원의 벚나무 가로수는 태평양전쟁 당시부터 종전 직후까지 연료 부족을 메우기 위해 장작으로 쓰인 적도 있었습니다. 전쟁이 끝난 후 한동안 유식자들이 나무들을 가꾸기도 했지만, 그들이 고령자가 되면서 오랜 벚꽃의 명소는 황무지가 되고 말았습니다.

씨를 딴 양귀비에 표시를 하고 있는
오노 카즈코 씨

　이 땅을 임대받은 오노 씨 등이 "사람들이 찾아올 수 있는
꽃밭으로 만들어야겠다"는 생각으로 볼런티어 활동을 통해
꽃을 심기 시작한 것이 2003년의 일. 당초에는 벚꽃나무 묘목
20그루와 코스모스를 심었습니다.

　그런데 "시기를 착각해서 코스모스 파종을 5월에 해버렸
어요. 너무 빨랐던 거죠. 꽃이 너무 자라는 바람에 뒤처리에
애를 먹었습니다." 그 후 창포와 양귀비 등을 구하게 되면서
"코스모스는 심은 지 3년 만에 더 이상 재배하지 않기로 하고
종목을 바꾸게 되었다"고 합니다.

　비료 값 등 꽃밭을 유지·관리하는 데는 연간 10만 엔 정도

의 비용이 듭니다. 하지만 행정당국의 원조가 따로 없어 견학 온 사람들의 기부금만으로 지탱하고 있는 실정입니다.

자원봉사자들의 평균연령은 74~75세. "젊은 사람들이 볼 런티어 활동을 이어받아 주었으면 좋겠는데…"라는 바람을 내비치는 오노 씨. "10년간 공을 들인 결과 벚나무들이 꽃을 피웠습니다. 찾아온 사람들이 '아름답다'고 기뻐하는, 양귀비와 창포의 명소로 공원이 자리 잡게 되어 무척 만족스러워요."

오노 씨는 남편과 함께 45아르의 복숭아밭을 가꾸면서 약 20아르 규모의 채소밭에서 양배추와 배추, 브로콜리 등을 재배해 직판장에 내놓고 있습니다.

원전 사고가 일어나기 전에는 산지 직매를 하는 개인 고객들에게만 약 350상자 정도의 복숭아를 판매했습니다. 하지만 원전 사고 이후 판매량이 150상자로 격감했습니다. 개인 고객이 더 이상 물건을 주문하지 않게 되었기 때문입니다. "어쩔 수 없이 나머지를 농협에 출하하다 보니까 수입이 3분의 1 이상 줄어들었다"며 원전 사고로 인한 피해를 증언하는 오노 씨. "손해배상 청구는 하지 않았어요. 절차가 너무 복잡하더라고요."

하지만 "피해는 그뿐만이 아니"었다고 합니다.

"심적인 피해가 너무 커요. 방사능이라는 게 눈에 보이지 않으니까 늘 불안하거든요. 사실 이전까지 우리는 원전이나 방사능 관련 지식이 전혀 없었습니다. 심지어 원전 사고가 일어난 후에도 정보를 얻을 수 없었지요. 우리 후쿠시마 사람들이 마치 실험용 쥐가 된 것 같은 기분이 들어요."

오노 씨는 아베 총리가 원전 재가동과 수출을 공언하는 것에 강력히 반대하고 있습니다.

"후쿠시마의 마음을 조금이라도 이해한다면 그런 일은 절대로 할 수 없을 겁니다. 아베 씨 자신도 몇 번이나 후쿠시마를 방문했던 적이 있으면서, 주민들이 무슨 생각을 하는지 전혀 헤아리지 않는 거지요. 사람에게든 꽃에게든 방사능은 백해무익할 뿐입니다."

_ 2014년 6월 21일 자

환자와 지역에 보은

이시카와마치에 정체원을 개업한
콘나이 유키오 씨

콘나이 유키오近内幸雄 씨(63세)가 1993년 9월 후쿠시마 현 이시카와마치石川町에 정체원整體院(척추를 바르게 하거나 몸의 상태를 좋게 하기 위해 지압이나 마사지를 하는 곳. ‒옮긴이)을 개업한 지 20년이 흘렀습니다. 수도권과 관동지역 일원에서까지 평판을 듣고 찾아오던 환자들은 동일본대지진과 도쿄전력 후쿠시마 제1원전 사고 이후 현격히 줄었습니다. 그뿐만 아니라 정체원 인근에서 120년간 명맥을 이어오던 이시카와 가축시장까지 폐쇄 위기로 내몰렸습니다. 원전 사고 때문에 가격이 하락해 송아지 거래가 격감했기 때문입니다.

◎ **야구선수의 힘**

콘나이 씨가 처음 정체사가 되어야겠다고 생각한 계기는

후쿠시마의 고교야구 명문 학교법인 이시카와고등학교에서 에이스로 활동하던 시절로 거슬러 올라갑니다.

당시 새로 부임한 야나기사와 야스노리柳沢泰典 감독(별세) 은 "괴로움 속에 빛이 있다. 너희를 고시엔으로 데려가는 것이 나의 사명"이라면서 무명에 불과하던 학교법인 이시카와고등 학교 야구팀을 상위권 팀으로 육성시켰습니다.

콘나이 씨는 3학년생 시절, 고시엔 진출을 목표로 참가한 후쿠시마 지역 예선의 3회전에서 쓰라린 패배를 경험했습니 다. 야나기사와 감독은 당시 "내 능력이 부족했다"며 낙담하 는 콘나이 씨를 오히려 "네가 없었더라면 여기까지 올 수도 없

"재판에 승소해 환자들에게
보은하고 싶다"는 콘나이 유키오 씨

었을 것"이라며 위로해 주었다고 합니다. "제 인생관이 바뀌게 된 말씀이었습니다. 바로 그때부터 사람들에게 신뢰받을 수 있는 일을 해야겠다고 생각한 거죠."

다니던 회사가 오일쇼크로 도산한 후 콘나이 씨는 드디어 오래 전부터 생각하던 정체사의 꿈을 이루기로 결심했습니다. 그는 어깨 부상으로 프로야구 선수의 꿈을 접는 동료를 목격한 경험이 있었습니다.

"하지만 다른 한편으로 어깨를 다친 야구부원이 정체요법으로 편안해진 예를 수없이 보고 들었죠. '아, 이건 정말 사람들에게 도움이 되는 일이구나' 하는 생각에 전문학교를 다니면서 정체사 자격을 땄습니다."

콘나이 씨는 최근 정체요법과 카이로프랙틱chiropractic에 전기요법과 마사지 등을 결합한 "나만의 방식"을 연구 중입니다.

"신체는 그 사람의 인생입니다. 직업에 따라 나빠지는 부분도 다르거든요. 모두들 얼굴이 제각각인 것처럼 급소에도 차이가 있고요. 이 일을 하는 데는 탐구심을 갖는 것이 중요합니다."

한때 자민당 국회의원 비서로 근무했던 경험도 있는 콘나이 씨는 요즈음 민주상공회에 들어가 활동하고 있습니다.

◎ 정부를 감시하는 눈

'3.11' 당시 콘나이 씨는 스카가와須賀川세무서에서 볼일을 마치고 "라멘으로 요기를 하던" 중이었습니다. 생애 처음 느껴보는 진동이 닥친 순간, 후쿠시마 원전에서 일하는 고등학교 후배가 휴대전화로 연락을 해왔습니다. "큰일이 터질 겁니다. 어서 피난 가세요. 정부 발표는 믿지 마시고요."

후쿠시마 제1원전에서 남서쪽으로 60킬로미터 떨어진 이시카와마치에도 나미에마치 등에서 연안부 주민들이 피난을 해왔습니다. 체육관에 피난 중이던 고령자들이 무릎 통증 등을 호소하기 시작했고, 이에 콘나이 씨는 피난소를 방문해 마사지 시술로 지원활동을 펼쳤습니다.

그 후 콘나이 씨는 "이런 공해를 더 이상 방치해서는 안 되겠다"는 생각으로 '생업을 돌려줘, 지역을 돌려줘!' 후쿠시마 원전 소송에 원고로 참여하게 되었습니다.

"원전 재가동은 언어도단입니다. 정부는 사고가 일어나도 어쩔 수 없다는 식의 태도를 취하고 있어요. 정부를 감시하는 눈을 키울 필요가 있습니다. 환자와 지역에 보은하기 위해서라도 재판에서 이길 겁니다."

_2014년 6월 23일 자

전시나 다름없는 '소개자'

후쿠시마 시 이이노마치 거주
아베 료이치 씨

태평양전쟁을 직접 체험한 아베 료이치阿部良一 씨(81세)는 도쿄
전력 후쿠시마 제1원전 사고 당시 "B-29처럼 방사능이 공격
해 오는 것을" 느꼈습니다.

현재 이이노마치飯野町에는 마을 전체가 피난을 나온 이다
테무라의 이재민들이 가설주택 등에서 생활하고 있습니다.

1945년 3월 10일 도쿄대공습이 있은 후, "도쿄에서 이다테
무라까지 소개疎開(피난)해 온 사람들이 있었습니다. 원전 사고
후에는 나미에마치 등 하마도리는 물론 이다테무라 사람들까
지 소개해왔지요. 전시나 다름없는 상황이예요"라며 한숨을
내쉬는 아베 씨.

집단자위권 행사를 용인하면 결국 전쟁에 휘말릴 수밖에 없을 것이라고
경고하는 아베 료이치 씨

◎ 셸터shelter를 마련

약 40년 전 후쿠시마 현 연안부에 원전 건설이 추진될 무렵 "원전은 언젠가 결국 부서질 수밖에 없다"고 생각한 아베 씨는 "당연히 반대 서명에 동참했다"고 합니다. 그리고 원전 건설이 시작되자 자택 안에 방공호 형태의 '핵 셸터'를 만들었습니다.

아베 씨는 '3.11' 이후의 사태를 목도하며 "조금 빠르기는 했지만 결국 우려하던 일이 일어났다"며 자신의 의심이 적중했음을 실감했습니다. 불행 중 다행으로 이이노마치의 방사선량이 비교적 낮았던 탓에 셸터를 사용할 일은 없었지만, '억누를 수 없는 감정'은 더욱 강해졌습니다.

아베 씨 집안은 태평양전쟁 이전부터 견직물을 생산하는 직물공장을 몇 명의 종업원들과 함께 운영해 왔습니다. 아부쿠마산맥 한가운데의 산간지역에서 양잠은 현금 수입을 창출해줄 수 있는 거의 유일한 산업이었습니다.

양잠이 성업할 때에는 도호쿠혼센 마쓰카와역을 분기점으로 이이노마치를 거쳐 '비단의 마을' 이다테 군 가와마타마치까지 연결된 12.2킬로미터 거리의 국영철도 가와마타센川俣線이 다니기도 했습니다. 견직물을 요코하마 항까지 운반하는 운송선運送線이었습니다.

하지만 합성섬유가 개발되면서 양잠업은 점차 쇠퇴일로를 걸었고, 주민들이 "후쿠시마에 갈 때 이용하던" 가와마타센도 72년 역사의 막을 내리게 되었습니다. 게다가 "전쟁이 한창이던 시절에는 철이 필요하다면서 군대가 직조기의 철 부분을 떼어가 버렸다"고 합니다.

공장은 1949년에야 다시 가동되기 시작했습니다. 아베 씨도 40대가 될 때까지 견직물을 생산하는 일에 종사했습니다. "직조기의 유지관리, 자재 반입 등의 업무를 담당했습니다. 약 1만 제곱미터 규모의 뽕밭과 본가와 합치면 9천 제곱미터 조금 안 되는 면적의 논에서 농사일을 병행했었죠."

태평양전쟁 당시와 이후 식량난이 심하던 시절에는 이것저것 가리지 않고 먹으며 허기를 채워야했습니다.

"먹을 것 못 먹을 것을 가릴 처지가 아니었지요. 지금이야 먹거리가 있어도 방사능이 무서워 그렇게 못 하지만. 채소 하나를 가꾸더라도 자신 있게 할 수가 없잖아요? 딸한테 쌀을 보내줬었는데 원전 사고가 일어나고 나니까 '필요 없다'고 해서 보내지 않고 있습니다."

◎ 오염된 산하山河

"하지 않는 게 좋다"면서 원전 재가동에 반대하고 있는 아베 씨. "제염 과정에서 나온 폐기물도 처리할 수 없고 오염수 문제도 해결 못하는 어처구니없는 사태가 이어지고 있는 이상, 이런 문제를 전국적으로 확산시키는 재가동은 절대로 용납할 수 없다"고 강조합니다.

"종전 당시에는 청년들이 분발해서 부흥을 이뤄내야 한다고들 했었습니다. '나라는 패배했지만 산하는 남아있다'고 서로를 격려하면서 말이죠. 하지만 지금은 원전 사고로 그 산하가 방사능에 오염되어 버렸어요. 그런 마당에 집단자위권 행사를 용인하려는 책동을 한다는 건 절대 용납할 수 없는 일입니다."

_ *2014년 6월 26일 자*

멈춰버린 봉제공장,
도쿄전력은 '생활보호 받으라' 폭언

생업 소송 원고
기쿠치 야스히로 씨·어머니 하츠에 씨

후쿠시마 현 미나미소마 시 하라마치 구역에서 봉제공장을 운영해 온 기쿠치 야스히로菊池康浩 씨(39세)와 어머니 하츠에初枝 씨(65세)는 '생업을 돌려줘, 지역을 돌려줘!' 후쿠시마 원전 소송에 원고로 합류했습니다. "장인의 솜씨가 무용지물이 되고 신용을 잃어버린 것에 대해 도쿄전력이 배상해야 한다"는 생각에서였습니다.

◎ **고작 1킬로미터 때문에**

봉제공장은 도쿄전력 후쿠시마 제1원전에서 21킬로미터 지점에 자리 잡고 있습니다. 20킬로미터 권역 외에 있다는 이유로 얼마 후 휴업 보상 등 배상이 중단되는 상황입니다. 고작

1킬로미터의 거리가 벽으로 작용하고 있는 것입니다.

기쿠치 씨 모자는 원전 사고가 일어난 후 업체로부터 "복식服飾은 고객들이 몸 위에 입는 것이니 후쿠시마에 발주하지 않겠다"는 이야기를 들었다고 합니다. 봉제공장은 부인복과 젊은이들이 입는 옷 등을 취급했습니다.

사고 후, 전에 거래한 적이 있는 업체를 포함, 새로운 판로를 개척하기 위해 총 100여 개 업체에 영업을 시도했지만 하나같이 거절당했습니다.

"그저 지진 피해뿐이었다면 일을 계속할 수 있었지만" 이미 원전 사고로 인한 피해가 그 정도 수준을 뛰어넘는 심각한 단계에 접어들어 있었던 것입니다.

(오른쪽부터) 기쿠치 하츠에 씨, 야스히로 씨, 아라키 시의원, 배상을 요구하는 모임의 아라키 씨 = 미나미소마 시

"도쿄전력과도 몇 번이나 교섭을 진행했었습니다. 하지만 공장이 20킬로미터 권역 밖에 있으니 배상을 중단하는 것은 정해진 노선이라며 입장을 바꾸지 않았어요."

야스히로 씨는 미나미소마 시의 도쿄전력 배상창구에 어려운 사정을 호소했지만 "생활보호를 받는 게 어떻겠느냐"는 대답이 돌아올 뿐이었습니다. 심지어 도쿄전력 보상 상담 센터의 여성 상담원조차 '생활보호' 수급을 권고했다고 합니다.

하지만 그럴 경우 자택과 공장은 물론 전 재산을 포기해야 합니다. "피해자 입장에서 왜 그런 손해까지 감수해야 하나." 분노가 끓어오르는 상황. 야스히로 씨는 우울증 증세를 보이며 건강마저 나빠지고 말았습니다.

원전 사고 이후 3년 3개월. 재봉틀 소리가 사라진 가운데 야스히로 씨는 '절망 속의 3년'을 보냈습니다.

가장 큰 충격은 "3호기의 폭발이 일어난 날 미야기 현의 약혼자로부터 파혼을 당한 일"이었습니다. 상대 여성이 원전 사고가 일어난 후쿠시마에서 살아갈 자신이 없었던 것입니다.

◎ **일터를 잃어버린 상황에 빚까지**

91세 되시는 조모도 요코하마 시에서 불과 2개월 동안 피난생활을 하는 가운데 기력을 잃었습니다. 하츠에 씨는 말합니다.

"완전히 다른 사람이 되어버렸어요. 일상생활은 물론이고 데이 서비스에까지 다닐 정도로 정정하셨거든요. 매일 '재미 있다'는 소리를 입버릇처럼 하시던 할머니가 입원까지 하시게 되었습니다."

일터를 잃어버린 상황은 결국 기쿠치 씨 가족을 빚에 쫓기게 만들었습니다. 매달 6만 엔씩 납입하던 주택 융자금, 원전 사고 이전에 설비투자(중고 재봉틀 등의 구입)를 위해 받은 융자, 지진으로 파손된 자택 수리비 등이 여전히 그들을 옥죄고 있는 상황에서 배상이 중단되면 수입 자체가 사라져 버리고 맙니다.

그렇게 혼자서 도쿄전력과 교섭을 진행해 오던 야스히로 씨는 민주상공회 등의 지원으로 '완전배상을 요구하는 모임' 에 가입, 생업 소송의 원고가 되어 "정부와 도쿄전력의 책임을 추궁"하는 활동에 합류하게 되었습니다.

"원전을 추진한 책임은 정부에게도 있습니다. 그래서 결국 이렇게 한치 앞을 내다볼 수 없는 암울한 상황을 초래한 것 아 닙니까. 재가동 같은 건 아예 논할 가치도 없는 이야기예요."

야스히로 씨는 상처받은 몸과 마음을 치료하며 긴 싸움을 준비하고 있습니다.

_ 2014년 7월 4일 자

용기를 전해주는 노래 한 곡

노래하는 케어매니저

아베 준 씨

후쿠시마 현 고리야마 시 개호시설에서 케어매니저로 일하는 아베 준阿部純 씨(42세)는 사람들에게 '노래하는 케어매니저'라 불립니다.

◎ **전국을 돌며**

　아베 씨는 케어매니저 업무와 함께 생활과 일, 원전 사고 등을 테마로 한 노래를 작사 · 작곡해 직접 노래까지 하고 있습니다.

　"말로 하면 1시간으로도 부족한 후쿠시마의 현실과 실태를 노래로 하면 세 곡 정도로 표현할 수 있다"면서 일과 병행해 전국으로 노래를 부르러 다닙니다.

　아베 씨의 부모님은 피아노와 아코디언 등을 연주하며 포크송을 부르는 '국민 개창 운동'에 참여하다 만나 결혼했습니다.

그런 환경의 영향으로 아베 씨도 초등학교 시절부터 단기 대학을 졸업할 때까지 내내 합창부 소속으로 노래를 불렀습니다.

'3.11' 이후 3년 4개월 여의 시간이 지난 지금까지 "후쿠시마에서는 여전히 그날 이전의 생활로 돌아가지 못할 거라는 악몽이 이어지고 있다"는 아베 씨. "그런 후쿠시마에 우리가 살고 있다는 것을 전하고 싶다"며 전국 각지에서 콘서트를 열고 있습니다.

대지진이 일어나던 날은 큰딸의 중학교 졸업식이었습니

인간답게 사는 일과 원전은
양립할 수 없다는 아베 준 씨
= 도쿄 도 기타北 구

다. 시설에 돌아가 보니 직장은 난장판이 되어 있었습니다.

그리고 도쿄전력 후쿠시마 제1원전이 폭발하자 나미에마치와 후타바마치 등 연안부의 이재민들이 고리야마 시 등으로 피난해 왔습니다.

근무처인 개호시설도 피난 입소자들로 넘쳐났습니다. 자신들도 재해와 피폭에 노출된 상태였지만 직원들은 쉬지 않고 일했습니다. 그런 생활을 이어가면서 아베 씨가 작사한 '후쿠시마 사람이라서 말할 수 있는 것'이라는 노래에는 다음과 같은 가사가 나옵니다.

"떠난 사람 / 남은 사람 / 거리에 미소가 사라진 듯 / 현실은 너무나도 잔혹해 / 모두들 괴롭고 / 괴로울 뿐이네"

◎ **응원의 마음을 노래에 담아**

아베 씨에게는 사고 당시 각각 중학교·초등학교를 졸업하고, 초등학교 5학년이 되었던 세 딸이 있습니다.

"아이들의 학급에서 피난 떠나는 아이들을 위한 송별회가 매달 열렸습니다."

아베 씨는 "피난은 싫다. 여기서 고등학생이 되기로 친구와 약속했다"는 큰딸의 의사를 존중해 후쿠시마에 남기로 결정했습니다.

'사랑스런 딸들에게'는 그런 큰딸과 후쿠시마의 모든 아이들을 향한 마음이 담긴 노래입니다.

"희망으로 가득했던 / 우리의 새봄은 / 너무나 크게 바뀌어 버리고 / 온 나라가 슬픔 속을 헤매지만 / 딸들은 선택할 수 있네 / 딸들은 살아갈 수 있네"

아베 씨는 2011년 7월 도쿄 메이지공원에서 열린 원전 제로 긴급집회에 출연했고, 지난해에는 아오모리, 도쿄, 에히메 등 전국 각지를 돌며 공연을 진행했습니다.

"인간답게 사는 일과 원전은 양립할 수 없다"고 생각하는 아베 씨. 큰딸도 어머니와 마찬가지로 개호 관련 직업을 선택했다고 합니다.

"우리에게 원전 사고가 일어나기 전 후쿠시마의 생활을 돌려주었으면 합니다."

개호시설에서 땀을 흘리는 아베 씨는 후쿠시마의 오늘을 노래하는 일 또한 멈추지 않을 것입니다.

_ 2014년 7월 14일 자

정부와 도쿄전력의 책임을 묻는다

현 근로자 산악연맹 이사장
무라마쓰 코이치 씨

다카무라 코타로高村光太郎의 시집 《치에코쇼智惠子抄》에 등장하는 아다타라安達太良산의 '푸른 하늘'이 방사능으로 오염되었습니다. 후쿠시마 원전 사고가 후쿠시마 등산 애호가들의 거점을 앗아간 것입니다.

◎ 방사선량 측정

여름 등산 시즌이 본격화되었지만 소문 피해 때문에 후쿠시마를 찾는 등산객은 조금도 늘지 않고 있습니다.

분노한 지역 내 산악인들은 자연환경 회복의 지표를 마련하는 한편 안전한 등산에 도움을 주기 위해 현 내 150개의 산을 답파하며 방사선량을 측정, 인터넷 홈페이지에 게재했습니다. 그리고 《방사선과 등산로》라는 책자도 만들었습니다.

이 일에는 후쿠시마 현 근로자 산악연맹 이사장 무라마쓰 코이치村松孝一 씨(63세) 등 산에 대한 애정이 각별한 450명의 동료들이 모두 참가했습니다.

도쿄전력 후쿠시마 제1원전이 "폭발한 후 일본 근로자 산악연맹에서 '어떤 지원이 필요하냐'고 묻기에, 현의 근로자 산악연맹에서 '방사선량을 잴 수 있는 측정기를 지원해 달라'고 부탁한 것이 이 일의 시작이었다"고 설명하는 무라마쓰 씨. "후쿠시마의 매력은 하이커hiker에서 클라이머climber까지를 망라하는 다양한 산들이 자리 잡고 있다는 것"이라고 합니다.

겨울에도 눈이 쌓이지 않아 얼마든지 하이킹이 가능한 해안지역의 아부쿠마산맥, 아다타라 산, 전국적으로 유명한 나

"고향 후쿠시마의 산에 등산객들이 돌아오기를" 염원하는 무라마쓰 코이치 씨

카도리中通り의 반다이磐梯산 등 깊은 산들이 자리 잡고 있는 아이즈 지방까지, 말 그대로 변화무쌍한 산행을 즐길 수 있기 때문입니다. 하지만 원전 사고로 아부쿠마산맥의 산들은 입산이 불가능해졌습니다.

"원전 주변의 산들은 하이커 입장에서 보면 연중 산행을 즐길 수 있는 곳들이었습니다. 그런데 더 이상 갈 수 없게 되었어요. 우리의 필드field가 오염되어 버린 겁니다."

지금은 'JR'이 된 국영철도의 노동자 무라마쓰 씨가 등산을 시작한 것은 아이즈에서 센다이의 차장구車掌区(JR 차장들이 소속된 지구별 조직)로 전근을 왔던 35세 무렵. 직장 동료로부터 이와테 현에 있는 하야치早池봉으로 등산을 가자는 권유를 받은 것이 계기였습니다.

바로 그곳에서 "산의 웅대함과 상쾌함에 매료된" 무라마쓰 씨는 이후 등산 애호가의 길로 접어들었습니다.

"매달 한두 번 정도는 반드시 산에 올랐습니다."

41년간 일했던 JR을 퇴직한 후에는 "아내가 하는 복지사업을 도우려고 개호 택시를 운전하며 헬퍼helper 면허를 취득했다"고 합니다.

◎ 원전 사고로 인한 변화

제2의 인생으로 선택한 복지 관련 일은 "보람도 있었고 취미인 등산을 즐길만한 여유도 있어 좋았"지만, 원전 사고로 상황이 급변했습니다.

그렇게 "정부, 도쿄전력과 싸우다 보니 3년 4개월이 지나버렸다"는 무라마쓰 씨. 최근에는 '생업을 돌려줘, 지역을 돌려줘!' 후쿠시마 원전 소송 원고단 쇼쇼相双지부 지부장으로 활동하고 있습니다. "만화가가 되고 싶었던" 어린 시절 경험을 되살려 원고들의 증언을 모은《우리 아이들, 그리고 미래 일본의 아이들에게 – 우리가 지금 전해야 할 것들》의 표지삽화를 그리기도 했습니다.

"소송이 중요한 국면을 맞고 있어요. 무엇보다 원고를 더욱 늘려 소송에 이기고 싶습니다. 그리고 재판장이 직접 현지조사를 진행해 주었으면 해요. 실태를 눈으로 직접 봤으면 좋겠다는 거죠. 이런 일들을 위해서라도 방청객과 모의재판, 보고집회 등에 참가할 사람들을 조직할 겁니다."

_ 2014년 7월 18일 자

후회 없는 삶을 위해

건강운동지도사
이케우치 야요이 씨

교사로 일한 경험이 있는 건강운동지도사 이케우치 야요이 池内弥生 씨(48세)는 올해(2014년) 5월 사이타마 현 사야마狹山 시에서 후쿠시마로 이주해왔습니다. 그리고 "후회 없는 삶을 살고 싶어" 후쿠시마에 뼈를 묻을 각오를 하고 있습니다.

이케우치 씨는 3년 4개월 전 후쿠시마의 영상을 보는 순간 "저마다의 꿈을 가진 수많은 생명이 사라져 버렸다"는 생각에 눈물이 멈추지 않았다고 합니다.

"뭐든 하지 않으면 안 되겠다는 억누를 수 없는 충격이 저를 엄습했습니다."

이케우치 씨는 미야기 현 이시노마키石卷 시와 후쿠시마 현 이와키 시 등에서 지원활동에 참가했습니다.

후쿠시마 현 이외의 지역에서 보면 부흥이 진행되고 있는 것처럼 보일지 모르나 "후쿠시마는 그저 3년 전 상태에 머물러 있을 뿐"이라는 것이 이케우치 씨의 생각입니다. "한눈팔지 않고 본격적으로 지원에 참여하려면 생업을 팽개쳐야 할 정도"라고 느낄 만큼.

◎ 지원을 위해 후쿠시마로 이주

중학교 보건체육 교사 생활을 했고 특별지원학교에서도 6년간 근무했던 이케우치 씨의 후쿠시마 이주 계획에 남편은 "정 하고 싶다면 한번 열심히 해 보라"며 지지해 주었습니다. 그렇게 이케우치 씨는 단신으로 후쿠시마에 오게 되었습니다.

건강운동지도사의 업무는 개인의 심신 상태에 따라 안전하고 효과적인 운동계획을 작성해 지도하는 일입니다.

"제가 할 수 있는 일은 체조를 가르치는 것이었습니다."

이케우치 씨의 목표는 후쿠시마의 아이들에게서 나타나는 신체적 불균형과 비만 경향 등을 개선해 주는 것입니다. "아이들이 지역에서 생산된 채소를 먹어도 괜찮을까", "밖에서 뛰놀거나 부모들과 함께 체조를 해도 좋을까." 방사능 문제와 관련해 어드바이스하려면 일단 스스로 공부해야 한다는 것을 통감하는 날들이었습니다.

그렇게 이케우치 씨는 이다테 시 료젠마치에 있는 '료젠 뒷산 학교'에 소속되어 12개 지역에서 방과 후 보육 스포츠 지도

원으로 활동하고 있습니다. "후쿠시마의 아이들을 도쿄올림 픽에 출전할 수 있게 만드는" 것이 그녀의 꿈입니다.

◎ **미래를 준비한다**

이케우치 씨는 초등학교 시절 등교거부를 했던 경험이 있습니다. 학교가 너무 싫어 학교에 가려고만 하면 열이 나고 위에 통증을 느낄 정도였습니다. 불안을 느낀 부친은 아침마다 이케우치 씨를 데리고 마라톤을 했습니다. 그 결과 학교에서 개최된 마라톤 대회에서 3위로 입상, 자신감을 갖게 되면서 정상적으로 등교할 수 있게 되었다고 합니다.

중학교 시절에는 담임교사의 권유로 배구부 주장을 맡았

"후쿠시마에 뼈를 묻고 싶다"는 이케우치 야요이 씨 = 후쿠시마 시

습니다. 그때부터 "아이들의 장점을 끌어내 주는 어른이 되고 싶다"는 생각을 했다는 이케우치 씨는 결국 교사의 길을 걷게 되었습니다.

후쿠시마 원전 사고에 대해 "40년이라는 시간이 걸려도 해결되지 않을 부담스러운 유산을 남겼다"고 말하는 이케우치 씨. "어른들이 저지른 문제들을 해결할 능력을 가진 아이들로 기르고 싶다"고 합니다. "아이들을 기르는 일은 40년 후의 미래를 준비하는 일"이기 때문입니다.

아직 원전 사고 수습조차 되지 않고 있는 상황에 재가동, 해외 수출 운운하는 뻔뻔스러운 움직임을 절대로 용서할 수 없다는 이케우치 씨.

"애초부터 인간이 감당할 수 없는 위험성을 가진 원전을 추진했던 것부터가 잘못이지요. 가장 중요한 건 사람의 목숨 아니던가요?"라며 아베 내각의 자세를 비판했습니다. 후쿠시마에 이주한 지 3개월째인 그녀는 말합니다.

"매일 저를 기다려주는 아이들을 만나러 이곳저곳을 다니고 있습니다. 얼마나 행복한지 모르겠어요."

_ 2014년 7월 20일 자

직접 듣고, 보아주기를

완전배상을 요구하는 후쿠시마 현 북부지역 모임 사무국장
칸노 히데오 씨

중학교 미술교사였던 칸노 히데오菅野偉男 씨(74세)는 "그림의 힘으로 후쿠시마의 분노를 표현"할 생각입니다. 그래서 도쿄전력 후쿠시마 제1원전 사고의 완전배상을 요구하는 후쿠시마 현 북부지역 모임의 사무국장 활동과 병행해 개인 전시회를 여는 등 바쁜 나날을 보내고 있습니다.

후쿠시마 현 북부 이다테 시에 살고 있는 칸노 씨. 원전 사고가 일어난 직후인 2011년 9월, 이다테 특산품인 복숭아 가격이 폭락했습니다. 그리고 후쿠시마 북부지역 농민운동연합회를 중심으로 도쿄전력과 직접교섭이 반복되고 있습니다.

칸노 씨도 "싸우지 않으면 도쿄전력이 멋대로 처리해 버릴지도 모른다"는 생각에 2012년 4월 '완전배상을 요구하는 현 북부지역 모임'을 가동시켰습니다.

◎ 도쿄전력 대응에 폭발

도쿄전력은 후쿠시마 시, 고리야마 시, 이와키 시 등 23개 시정촌 주민들에게 일률적으로 8만 엔의 배상액을 제시했습니다. 이에 "분노가 현민 전체로 확산되었다"고 합니다.

"심각한 피해를 가볍게 보는 도쿄전력의 대응에 분통이 터져서 완전배상을 요구하는 투쟁과 법정투쟁, 두 축을 중심으로 싸워 봐야겠다고 결의했다"는 칸노 씨. 최근 '생업을 돌려줘, 지역을 돌려줘!' 후쿠시마 원전 소송 원고단 후쿠시마지부 지부장도 맡고 있습니다.

1940년 중국에서 태어난 칸노 씨는 B-29의 공습을 경험한 적이 있습니다. 소년 항공병으로 징집되었던 형은 만주로

"반드시 승소하겠다"고 말하는 칸노 히데오 씨

끌려갔다가 소련군의 포로가 되어 시베리아에 억류되기도 했습니다. 칸노 씨는 여섯 살이 되던 해인 1946년 부친의 본가가 있는 후쿠시마로 오게 되었다고 합니다.

초등학교에 입학하던 해 헌법과 교육기본법이 시행되었습니다.

"민주교육 1세대입니다. 중학교 3학년 때 숙제가 헌법전문을 써오는 것이었지요. 평화와 국민주권, 그리고 기본적 인권 등에 대한 의식을 형성할 수 있었습니다."

대학 시절에는 미일안보조약 개정에 반대하는 전후 최대의 국민투쟁이었던 60년 안보투쟁과 마쓰카와 사건의 진상규명을 요구하는 법정투쟁 등을 경험했습니다.

칸노 씨는 강조합니다. "우리는 전쟁체험을 이야기할 수 있는 마지막 세대입니다. 전후 민주주의의 제1주자이기도 했고요. 일본을 전쟁하는 나라로 되돌리려는 집단자위권 행사 용인에는 절대 반대합니다."

◎ **전국으로부터 지혜를 모아**

"분노에 휩싸여 지낸 3년이었다"며 '3. 11' 이후를 회고하는 칸노 씨는 세 가지 투쟁 목표를 가지고 있습니다.

첫 번째는 후쿠시마의 경험을 다시금 새롭게 전파하는 것입니다. "우리의 이야기를 듣고, 현실도 직접 눈으로 확인해 주셨으면 합니다. 투어라도 진행해서 모두들 보러 와 주시면 좋겠어요."

두 번째는 원전 제로 100만인 서명을 달성하는 것입니다. "이 부분과 관련해서 전국에 계신 여러분의 지원을 부탁드립니다."

세 번째는 오이大飯 원전 재가동에 제동을 건 후쿠이지방재판소 판결에 주목하는 가운데 후쿠시마 지역 원전의 폐로를 요구하며 싸우는 것입니다.

"기력, 체력이 남아있는 한 멈추지 않겠다"는 칸노 씨.

"원전 없는 일본을 만들기 위해서는 후쿠시마를 안심하고 살 수 있었던 예전 상태로 되돌리는 것이 최우선 과제입니다. 하지만 이 일은 미국과 일본 지배층의 이권구조에서 탈피하지 않는 한 절대로 불가능해요. 전국으로부터 지혜를 모아 생업 소송에서 완전한 승리를 쟁취하고 싶습니다."

_ 2014년 7월 21일 자

미래는 바뀔 수 있다

오키나와로 피난한
구보타 미나호 씨

후쿠시마 원전 사고와 관련, 정부와 도쿄전력에 원상회복과 손해배상을 요구하는 '생업 소송'의 구두변론. 미토水戸 시에서 오키나와로 피난한 구보타 미나호久保田美奈穂 씨(35세)는 "방사성물질의 피해는 특정지역에 한정된 것이 아니다. 지역의 경계를 넘어 피해사례가 나오고 있다"고 진술했습니다.

최근 이바라키 현 소재의 히타라ひたら 해안공원에서 매시간 0.7마이크로시버트의 높은 방사선량이 측정되는 이른바 핫스팟이 발견되어 출입금지 조치가 내려진 일이 있었습니다. 구보타 씨의 증언을 뒷받침해 주는 사례라 하겠습니다.

구보타 씨가 오키나와 현으로 피난한 이유는 "현 내에 원전이 없기 때문"이었습니다. '3.11' 직후부터 "매일 아이들이 가능한 한 피폭당하지 않도록 하기 위해 필사적으로 노력했다"

는 구보타 씨. 일단은 토치기 현으로 피난했었다고 합니다.

"세상이 끝나버리는 거 아닐까하는 생각이 들 만큼 공포에 질렸었지요. 그래서 뭘 어떻게 했었는지조차 기억나지 않을 정도의 혼란이었습니다."

◎ **아이의 검진 결과**

2012년 10월, 아이들의 건강검진에서 큰아들의 갑상선 호르몬 수치와 작은아들의 간 기능 수치가 높아 주의를 요한다는 결과가 나왔습니다.

"무엇이 아이들을 위해 해줄 수 있는 최선일까 매일 고민하면서 필사적으로 보낸 3년이었다"고 지난 일들을 돌아보는 구보타 씨. 후쿠시마와 처음 인연을 맺은 것은 남편과의 만남을 통해서였습니다. 두 사람의 데이트 장소가 후쿠시마 현의 명소였기 때문입니다.

그런 후쿠시마에서 일어난 원전 사고로 남편의 소변에서 방사성 세슘이 검출되는 등 "피폭이 하나의 기정사실"로 다가오게 된 것입니다.

부부관계에도 균열이 생겼습니다. 아이들의 생명과 건강을 최우선적으로 생각하는 구보타 씨와 일 때문에 미토 시의 직장을 떠날 수 없었던 남편과의 관계가 삐걱거리기 시작한 것입니다. 그래서 "이혼 위기도 몇 번 경험했다"고 합니다.

후쿠시마지방재판소 앞에서 사람들에게 호소하고 있는 구보타 미나호 씨

오키나와와 미토를 오가는 이중생활 때문에 구보타 씨 부부는 1년에 3번, 그것도 이틀씩밖에 만나지 못하는 생활을 하고 있습니다.

"아이들이 자라는 것을 보며 함께 기뻐하고 고민할 수가 없어요. 결혼의 의미에 대해 다시금 생각하게 됩니다."

◎ **생업 소송은 희망**

"생업 소송은 희망의 재판"이라는 구보타 씨. 재판을 통해 정부와 도쿄전력의 책임을 추궁해 우선은 아이들의 건강검진과 의료비 무료화 등을 제도화하는 방안을 모색하고, 다음으로 정부가 피난생활 중인 이재민들을 지원해 평온한 가운데서 자유롭게 살 수 있는 제도적 대안을 마련해 주기를 바라고 있습니다.

"피해지역에 머물러 있는 사람들, 피난해 있는 사람들, 후쿠시마 주민들, 그리고 나아가서는 다른 지역 주민들에게까지도 구별 없이 피해자 구제가 이루어지기를 바랍니다."

하지만 누구 하나 책임을 지지 않고, 원전 사고 수습도 이뤄지지 않은 상황에서 재가동을 전제로 한 정부의 에너지 정책을 추진하려는 아베 총리. "우리 모두 이미 원전이 인간이 감당해 낼 수 없는 것이라는 사실을 알고 있습니다. 같은 과오가 되풀이되어서는 안돼요. 아이들에게 안심하고 생활할 수 있는 청결한 환경을 물려주고 싶습니다."

오늘도 생명을 낳아 기르는 어머니의 뜨거운 마음은 식지 않습니다.

"과거는 바꿀 수 없지만, 미래는 바꿀 수 있지요. 원전 제로가 실현되는 날까지 후쿠시마와 함께 싸우겠습니다."

_ 2014년 7월 28일 자

원전이냐 생명이냐

가타히라 저지 자연목장 목장주
가타히라 요시오 씨

영국산 젖소 품종인 저지Jersey를 자연방목으로 길러온 후쿠시마 현 소마 시의 가타히라 요시오^{片平芳夫} 씨(68세)는 "물과 공기, 그리고 대지가 오염되면 결국 인간도 살아남을 수 없다"면서 우려를 표현했습니다.

아울러 도쿄전력 후쿠시마 제1원전 사고로 인해 일어난 "지극히 부조리하며 비정하기 짝이 없는 심각한 피해에 참을 수 없는 분노를 느낀다"고 합니다.

◎ 손님이 절반 이상 격감

가타히라 씨는 27살 무렵 샐러리맨 생활을 그만두고 아부쿠마산맥 북부에 위치한 타마노^{玉野} 지역의 산에 들어가 생활하기 시작했습니다. 국토의 7할 이상이 산악지역인 일본. 가타히라 씨는 방목이야말로 이러한 환경을 활용할 수 있는 가장 유용한 분야라 확신하고, 좁은 축사에 갇혀있는 소들에게 곡물사료를 주는 근대적인 낙농이 아니라 산의 자연을 있는 그대로 활용, 환경에 부하가 걸리지 않고 생태계를 지킬 수 있는 방목낙농에 몰두하며 40년을 지내왔습니다.

가타히라 씨는 낙농업과 더불어 방목하는 저지의 우유로 만든 수제 아이스크림도 판매해 왔습니다. '산마루 아이스크림 가게' 아이스크림의 진한 맛은 후쿠시마는 물론 다른 지역 사람들까지 찾아와 사려고 줄을 설만큼 명성을 쌓기도 했습니다. 하지만 "원전 사고 이후 소문 피해 때문에 손님이 절반 이

방목이 불가능해진 목장의
제염 방법을 연구 중인
가타히라 요시오 씨

하로 격감했다"고 합니다.

가타히라 씨의 목장은 표고標高 500미터 지점의 돌이 많은 30도 경사지역에 있습니다. 물론 이런 목초지도 당연히 제염 대상이지만, 현시점에서의 제염 방법은 표토를 벗겨 내거나 땅을 갈아엎는 것뿐입니다. 게다가 결정적인 문제는 정부가 이런 험준한 지형의 제염과 관련해서 원전 사고 이후 3년이 지난 지금까지 그 방법조차 제대로 정하지 못하고 있다는 점입니다.

반면 가타히라 씨는 도쿄농대에 목장의 일부를 제공, 급경사지역 목초지 제염 실험을 지원 중입니다. 이에 도로 경사면에 녹화 등을 진행하는 '중층기재분무공법' 등 환경에 주는 영향을 최소화해 제염을 진행하는 방법이 토석류土石流 우려가 있는 주택지 급경사면의 뒷산이나 일부 산림지역 제염에도 적용될 수 있으리라는 기대가 고조되고 있습니다.

◎ 혼자서는 싸울 수 없다

"원전만 없었다면"이라는 글을 남기고 목숨을 끊은 낙농업 동료의 목장을 정리하며 다시 한 번 생명의 중요성을 뼈저리게 느꼈다는 가타히라 씨. 오늘도 "원전 1기와 사람 목숨 중에 무엇이 더 소중하냐"는 물음을 던지며 "살아남은 내가 친구들 몫까지 분발해야겠다"고 다짐합니다. 또한 "오늘날 '돈'에 편

중된 풍조가 존재하는 것은 분명한 사실이지만, 그럴수록 생명이 무엇보다 소중하다는 가치관이 공유되는 사회를 만들어야 한다"며 목소리를 높입니다.

또한 가타히라 씨는 "혼자서 정부와 도쿄전력을 상대로 싸울 수는 없다"는 생각에 '생업을 돌려줘, 지역을 돌려줘!' 후쿠시마 원전 소송에 원고로 참가하게 되었습니다. 산에서 땅에 떨어진 나뭇잎들이 쌓여 1센티미터의 흙이 만들어지는 데 100년의 시간이 걸린다고 합니다. "원전 사고는 장기간에 걸쳐 자연을 파괴해 지역사회를 빼앗고, 사람들을 분열시켜 재생을 불가능하게 만들어버리는 악질적인 범죄"라고 강조하는 가타히라 씨. 하지만 아직 꿈을 포기하지 않고 "산을 개척하는 슬기를 다음 세대에 물려주고 싶다"며 먼 미래의 일을 생각하고 있습니다.

_ 2014년 8월 4일 자

원전과의 싸움

생업 소송 원고단 부대표
콘노 시게아키 씨

'생업을 돌려줘, 지역을 돌려줘!' 후쿠시마 원전 소송 원고단 부대표 콘노 시게아키紺野重秋 氏(76세)가 후쿠시마 현 나미에마치를 떠나 후쿠시마 시내 임대주택으로 오게 된 지도 어언 3년이 지났습니다.

콘노 씨는 '3.11' 이후 후쿠시마 시내 아즈마종합체육관에서 피난생활을 시작, 이나와시로猪苗代 호의 민숙民宿 등을 전전했습니다. 특히 체육관의 열악한 환경은 콘노 씨의 건강을 악화시켰습니다. 더러운 공기 때문에 기침이 멈추지 않고, 눈물이 흐르는 것은 물론 호흡 곤란 증세까지 보여 결국 병원신세를 지게 되었던 것입니다. 심장이 좋지 않은 아내도 걱정이 되기는 마찬가지입니다. 그래서 방 두 개에 거실과 식당을 겸한 부엌이 딸린 아파트를 구하기는 했지만, "물건을 제대로 놓아

두기 힘들 만큼 방이 좁은 데다 목욕물조차 데울 수 없는 욕실 때문에 불편하기 짝이 없습니다."

◎ 가장 먼저 원고단에 합류

콘노 씨가 살던 나미에마치의 집은 사고 직후 거주 제한 구역으로 지정되었고, 지금도 잠깐 다녀올 수는 있지만 숙박이 불가능한 상태입니다. 그래도 "자주 들러 흉가가 되지 않게 보수 작업을 하고 있다"고 합니다.

콘노 씨는 지난 3년간 "이재민 구제와 지원, 배상 등을 위해 필사적으로 정부, 도쿄전력과 싸워" 왔습니다. 또한 "풍요로운 자연환경을 자랑하던 나미에마치를 돌려 달라"고 목청을 높이며 가장 먼저 원고단에 합류하기도 했습니다.

콘노 씨는 나미에마치에서 약 1만 5천 제곱미터 조금 안 되는 규모의 논을 경작했습니다. 하지만 그것만으로는 생활을 꾸릴 수 없어 자동차 수리 공장도 운영했습니다. 그리고 피난을 와 있는 후쿠시마 시내에 공장을 재건한 요즈음, 뿔뿔이 흩어져 있던 나미에마치의 고객들이 찾아와 수리를 의뢰하고 있습니다.

콘노 씨는 후쿠시마 현 연안부에 도쿄전력의 원전 건설이 시작되었을 당시부터 반대 운동에 참여했습니다. 당시 나미에마치 주민 중 대부분은 원전 추진파였습니다. 그렇다 보니 동네를 거닐다 보면 "빨갱이"라며 욕설을 퍼붓는 사람도 있었다고 합니다. 콘노 씨는 "당시 재판소가 주민들의 반대의견에 귀를 기울여주었더라면 이런 상황까지는 오지 않았을 것"이라며 후쿠시마 원전 사고가 불러온 재앙에 대해 울분을 토로합니다.

◎ 다시 전쟁하는 나라가 되어서는 안 된다

어린 시절 콘노 씨의 집은 양잠으로 생계를 꾸렸습니다. 태평양전쟁 당시에는 동네 인근 도호東邦레이온 공장에 미군전투기가 기총소사를 하는 것을 본 적도 있었습니다. 숙부 일가

"지금이 아니면 언제 싸우겠느냐"며 결의를
다지는 콘노 시게아키 씨

는 만몽개척단을 따라 만주에 갔는데, 이후 소련군의 참전으로 숙부는 시베리아에 억류되었습니다.

콘노 씨가 "전쟁은 결코 일어나면 안 된다"고 강조하는 것은 그가 이렇듯 전쟁을 직접 체험한 마지막 세대이기 때문입니다. "자식과 손자 세대에 전쟁하는 나라를 물려주고 싶지 않다"는 콘노 씨. 두말할 필요도 없이 집단자위권 행사 용인에도 반대하고 있습니다.

"일본이 전쟁하는 나라가 되어서는 안 된다"고 힘주어 말하는 콘노 씨는 "헌법 9조가 있었기에 지난 70년 가까이 전쟁이 일어나지 않았던 것"이라고 강조합니다.

"지금이 아니면 언제 싸우겠습니까. 말 그대로 역사의 전면에 나서서 싸워야 하는 시기 아닌가요? 전쟁은 아름다운 자연을 가진 이 나라를 파괴합니다. 또, 원전 사고는 온화한 기후를 자랑하던 평화로운 나미에에서 주민들을 쫓아내고 바다, 산, 강에 온통 방사능을 흩뿌려 놓았어요. 원전 제로의 즉각적인 실현과 집단자위권 용인 반대를 양축으로 해서 끝까지 싸울 겁니다."

_ 2014년 8월 18일 자

바다를 돌려 달라

소마시 · 전직 저인망 어선 어부
난부 코이치 씨

후쿠시마 현 소마 시에서 저인망 어업을 하던 난부 코이치南部
浩一 씨(62세)는 도쿄전력 후쿠시마 제1원전 사고 이후 폐업을
했습니다. 바다가 방사능으로 오염되었기 때문에 내린 결정
이었습니다.

"조업을 할 수 없게 되니까 렌트해 쓰던 어선의 유지비를
댈 수가 없더라고요. 그래서 일을 그만두기로 한 겁니다." 15
살 무렵 어부가 된 후부터 바다에서 행복을 찾으며 살아온 생
활에 종지부를 찍은 것이었습니다.

어부 집안에서 태어나 5대째 어업에 종사해온 난부 씨. 부
친은 그가 10살 때 다리를 절단하는 사고를 당했습니다. 배에
묶어놓은 그물이 다리에 걸려 일어난 일이었습니다.

◎ 지진해일에 아내를 잃고

장래에 어부가 되겠다는 각오야 하고 있었지만, 갑작스레 바다에 나갈 수밖에 없게 된 상황은 무척 당혹스러웠습니다. 고등학교에 진학할 생각을 하고 있었기 때문입니다. 3형제의 장남인 난부 씨는 누이와 남동생에게 "하고 싶은 일을 할 수 있게 허락해 주기 바란다"는 말과 함께 고등학교 진학을 조건으로 내걸고 아버지의 가업을 잇게 되었습니다.

당시까지 배에는 타본 적조차 없었습니다. 그렇다 보니 "익숙해질 때까지 4개월간 뱃멀미에 시달렸다"고 합니다. 그 상황에서 잡은 고기를 직접 배 위에서 선별해 시장에 내놓지 않으면 수입을 챙길 수도 없었습니다. "심지어 고기 이름도 몰랐어요. 한 선배가 고기들을 쭉 늘어놓고 일일이 이름을 가르쳐 주었습니다. 하나부터 열까지 다 새로 배우고 나서야 비로소 한 사람의 어부로 제구실을 할 수 있게 된 거죠."

맞선을 통해 만난 아내 토미코 씨가 경리를 담당해주면서 2인 3각으로 움직일 수 있게 되었습니다. 그리고 세 아이가 태어났습니다. 후쿠시마 현 연안에서 잡힌 가자미, 넙치, 볼락, 쏨뱅이, 문어, 까나리, 뱅어 등의 해산물도 '조반常磐(지금의 이바라키·후쿠시마 동부지방을 가리키는 지명) 특산물'로 불리며 나름의 브랜드를 형성해 높은 가격으로 팔려나갔습니다. "차츰 생활이 안정되어갔지요."

자택 앞에서 그물을 손질하고 있는 난부 코이치 씨

하지만 동일본대지진으로 발생한 지진해일은 아내 토미코 씨를 삼켜버렸습니다. 시신이 발견된 것은 4월 4일. "얼마나 괴로웠을까. 아이들 앞에서는 내색하지 않으려고 애썼지만 저 혼자 한참을 울었어요. 기일이 되면 빼놓지 않고 성묘를 하러 갑니다."

집은 완전히 파괴되었습니다. 체육관에서 피난생활을 시작한 후 가설주택으로 옮겨가 같은 해 12월 15일까지 지냈습니다. 그 과정에서 "슬퍼하기만 해서는 안 되겠다"는 생각에 "우리 집의 부흥"을 위해 털고 일어난 난부 씨는 자택 주변의 제염과 자택의 개보수, 그리고 아이들의 생활기반을 재건하는 일에 매달리기 시작했다고 합니다.

하지만 조업 재개는 방사능 오염의 영향으로 조금도 진전되지 못했습니다. 어선을 구입하기 위해 얻은 빚도 거의 갚지 못했기 때문에 조업허가증을 매각한 후 폐업을 하게 된 것입니다.

◎ 사고만 없었던들

"원전 사고만 없었어도 최소 15년 정도 더 어부 생활을 할 수 있었을 겁니다. 멀건 대낮에 혼자서 텅 빈 집을 지키다 보면 얼마나 쓸쓸하고 기가 차는지…"라며 복잡한 심경을 토로하는 난부 씨. 그는 최근 '생업을 돌려줘, 지역을 돌려줘!' 후쿠시마 원전 소송에 원고로 참여하게 되었습니다. 정부와 도쿄전력에 원상회복을 요구한다는 취지에 공감했기 때문입니다.

다시 고기를 잡으러 나가고 싶었던 꿈을 포기한 난부 씨는 "바다를 돌려달라"는 생각으로 소송에 열심히 참여하고 있습니다. "고기가 잘 잡히는 포인트는 알고 있으니 낚싯배라도 몰아 강태공들을 기쁘게 해 주는 것이 마지막 바람"이라고 합니다.

"바다는 제염을 할 수가 없어요. 방사능이라는 게 결국 하천을 통해서 바다로 흘러들어오니까요. 게다가 도쿄전력도 바다로 오염수를 흘려보내고 있는 모양이고요. 바다가 무슨 쓰레기장도 아닌데 말입니다."

현 내 모든 원전의 폐로를 주장하는 난부 씨는 당연히 일본 내 모든 원전의 재가동에도 반대하고 있습니다.

"사람이 만든 것은 언젠가는 반드시 고장 나게 되어 있습니다. 위험하기 짝이 없는 것을 다시 움직이게 하겠다니 말도 안 되는 일이지요."

_ 2014년 9월 1일 자

풍요롭던 자연은 어디로 갔나

엽우회 히가시시라카와지부 회원
스즈키 다쓰오 씨

후쿠시마 현 야마츠리마치矢祭町 엽우회獵友會 히가시시라카와
東白川지부 회원으로 사냥을 시작한지 40년째를 맞는 스즈키
다쓰오鈴木達男 씨(71세)는 "풍요롭던 자연을 원 상태로 되돌려
달라"며 '생업을 돌려줘, 지역을 돌려줘!' 후쿠시마 원전 소송
의 원고가 되었습니다.

◎ 멧돼지마저 오염

도쿄전력 후쿠시마 제1원전 사고 후 잡은 멧돼지 고기의
방사능수치를 검사해 보았더니 1킬로그램 당 800베크렐이 넘
었다고 합니다. 후쿠시마 현 당국의 조사에 따르면 수치가 최
고 2만 베크렐에 달하는 경우도 있었습니다.

후쿠시마 산간지역에서 잡힌 멧돼지의 고기는 원래 냄비

요리의 재료 등으로 유통되었습니다. 고단백, 저칼로리에 비타민과 철분까지 풍부해 최근에는 프랑스요리의 재료로도 인기를 모았습니다. 그래서 "가격이 보통 돼지고기의 갑절이나 되었다"고 합니다.

스즈키 씨의 직업은 목수로 건축 관련 작업을 주로 해왔던 까닭에 멧돼지고기 판매 관련 실적을 보여주는 자료는 보존되어 있지 않습니다. 그래서 도쿄전력은 자료가 없다는 이유로 스즈키 씨의 배상 요구를 묵살해버리고 말았습니다.

야생동물과 관련, 보호, 구제驅除, 수렵의 적정화 같은 조건들이 유지되지 않을 경우 생태계가 파괴되거나 농작물 피해가

고향산천을 원래의 상태로 되돌려 놓으라고 호소하는 스즈키 다쓰오 씨

확산되는 등의 결과들이 나타나게 됩니다.

"멧돼지는 눈에 약합니다. 그래서 겨울이 되면 따뜻한 나미에마치나 오쿠마마치 등 연안부로 이동해오고는 했지요."

스즈키 씨가 소속된 엽우회는 지자체의 요청에 따라 연간 40마리 가까운 멧돼지를 수렵해왔는데, 원전 사고 이후 방사능 오염으로 고기를 먹을 수 없게 되면서 그 수가 급격하게 늘어났다고 합니다. 그는 엽우회의 장래를 걱정합니다.

"고령화로 행동력이 약화되었거든요. 사냥이라는 게 워낙 혼자서는 할 수가 없습니다. 그래서 멧돼지를 사냥할 때도 보통 열 명 정도가 조를 이루어 포위해서 포획을 하는데, 손이 달리는 상황인 거죠."

◎ **자연산 은어까지**

방사능은 하천도 오염시켰습니다. 그래서 야마츠리마치를 흐르는 쿠지카와 ^{久慈川} 의 은어와 산천어까지 오염되고 말았습니다. "1년간 낚시를 자숙하게 되었지요. 이후 방류된 은어는 낚시를 할 수 있었지만 자연산의 경우는 아직도 낚시가 금지된 상태입니다."

자연산 은어는 물밑의 수압과 흐름 등의 변화에 민감해 작은 구멍이 턱 아랫부분에 좌우대칭으로 4개씩 줄지어 나 있습니다. 하지만 방류된 것들의 경우 좌우대칭이 아니거나 수가 다른 경우도 있기 때문에 육안으로 쉽게 식별이 가능합니다. "어차피 낚시를 하는 사람들은 다들 알고 있기 때문에 자연산을 낚으면 그 자리에서 놓아줍니다."

후쿠시마 현 나카도리 최남단에 위치한 야마츠리마치는 후쿠시마 제1원전에서 80킬로미터 떨어져있습니다. 지난 시간들에 대해 "후쿠시마 현 내 어떤 지역에서도 안심하고 살 수 없게 되었습니다. '방사선, 방사선' 소리에 3년 반을 겁에 질린 채로 보냈어요"라며 원전 사고 이후의 시간들을 돌아보는 스즈키 씨.

"오직 국민들만 책임질 것을 강요당하고 있습니다. 산과 강에 넘치는 자연의 은총을 양식으로 살아가던 사람들에 대한 배상은 아예 이야기조차 나오지 않고요. 이 모든 문제를 일으킨 사람들에게 자신들이 벌여놓은 일을 책임지라고 말하고 싶습니다. 다시 자연과 공존하며 살아가기 위해서는 완전한 원상회복이 필수예요."

_ 2014년 9월 10일 자

시로 남긴 사고의 기록

니혼마쓰 시 · 《아다타라의 푸른 하늘》을 출판한
아라오 슌스케 씨

"안심하며 공기를 마시고 / 안심하며 음식을 먹고 / 안심하며 아이를 키우고 / 안심하며 잠들 수 있는 것 / 2011년에야 깨달았네 / 그것이 얼마나 행복한 일이었는지"

◎ 정부와 도쿄전력을 고발

후쿠시마 현 니혼마쓰二本松 시에 거주하는 아라오 슌스케 あらおしゅんすけ 씨(72세)의 시입니다. 시집 《아다타라安達太良의 푸른 하늘》을 출판한 그는 "어떤 일이 일어났는지 객관적으로 전하고 싶다"는 의도에서 일부러 건조한 문체를 사용해 원전 사고를 일으킨 정부와 도쿄전력을 고발하고 있습니다.

아라오 씨의 시집은 9월 3일 일본 자비自費 출판 문화상 부문상을 수상했습니다. 이 상은 자비 출판의 활성화를 도모하

며 관련 공적을 기린다는 취지에서 일본 그래픽 서비스 공업
회 소속 중소인쇄회사들이 설립한 일본 자비 출판 네트워크가
제정한 것입니다.

아라오 씨는 '학습'이라는 제목의 시 첫 구절에서 "쥐고 있
는 정보도 위험성도 알리지 않는 / 대책 없는 사업자와 정부
/ '건강에 즉각적인 영향은 없다'고 되풀이하는 정부 / 주민들
모두 한 달이나 아무렇지 않게 피폭시키는 정부"라며 정부와
도쿄전력을 단죄합니다.

아라오 씨는 군마 현 태생으로 이와테대학 농학부 수의학

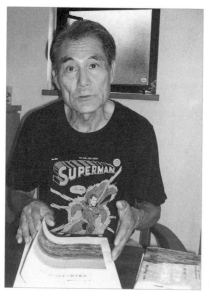

시집《아다타라의 푸른 하늘》을
출판한 아라오 슌스케 씨

과를 졸업하고 유제품 메이커, 후쿠시마 농업단체 등에서 수의기술자로 낙농 관련 업무를 담당해 왔습니다.

스스로를 '벼락시인'이라 부르는 아라오 씨는 '3.11' 전까지만 해도 시를 쓰지 않았습니다. 그러나 원전 사고를 체험하는 과정에서 '후쿠시마의 기록'을 남겨야겠다는 필요성을 통감, "짧은 문장으로 내용을 전달하는 시를 통해 보다 많은 사람들에게 영향을 줄 수 있을 것"이라는 판단하에 글을 쓰기 시작했습니다.

말 못하는 동물들을 관찰해 질병 치료에 임하는 수의사. 그러한 경험이 "이재민의 입장을 헤아리는 상상력을 발휘하게 해 주었는지도 모르겠다"는 아라오 씨는 "정부가 저지른 범죄를 좌시할 수 없다"는 생각으로 '생업을 돌려줘, 지역을 돌려줘!' 후쿠시마 원전 소송에 원고로 참여하게 되었습니다.

아라오 씨의 집 실내에서 검출되는 방사선량은 지금도 시간당 0.2마이크로시버트입니다. 초목이 우거진 집 근처 공터에서도 0.64마이크로시버트의 방사선량이 검출되고 있습니다. 후쿠시마 현 나카도리에서는 아직까지 이렇듯 낮은 방사선량에 의한 피폭이 계속되고 있는 것입니다.

"아다타라산과 아부쿠마산맥을 바라보며 작은 텃밭을 일구고 산보를 하는 평화로운 노년이 이어질" 줄로만 알았던 그의 생활은 원전 사고 이후 크게 달라져 버렸습니다. 아라오 씨는 "불합리와 모순으로 가득 차 욕망이 흘러넘치는 세상의 추한 모습을 목도하고 말았다"며 '3.11' 이후의 시간들을 술회했습니다.

◎ 용기를 가지고

하지만 다른 한편으로 "세상이 그리 어둡기만 한 곳은 아니라는 사실도 깨달았다"고 합니다. "저와 뜻을 함께하는 사람들 또한 많이 존재한다는 걸 알게 되었거든요. 동일본대지진과 원전 사고 후 한결같은 모습으로 이재민들 곁을 지키고 있는 분들과 교우하게 되었습니다. 이런 만남이 '3.11' 이후 지금까지 버텨올 수 있게 하는 용기를 주었고요. 삶이 더욱 풍요로워진 거지요."

시를 통해 "아다타라산 / 아다타라산이여 / 위대한 산이여 / 어머니의 산이여"라고 노래하는 아라오 씨가 힘주어 말했습니다.

"이재민으로서 후쿠시마의 진실을 이 목숨 다하는 날까지 증언하고 싶습니다. 정부가 이야기하는 수습은 아직도 이뤄지지 않았어요. 그러니 모두들 부디 후쿠시마에 걸음하셔서 눈으로 직접 현실을 확인해 주셨으면 합니다."

_ 2014년 9월 12일 자

피해자의 시선으로

이와키 시민 소송 원고단 사무국장
칸케 아라타 씨

이와키 시민 소송 원고단 사무국장 칸케 아라타菅家新 씨(63세)는 최근 대단원을 맞은 소송의 승리를 위해 바쁜 매일을 보내고 있습니다.

미나미아이즈마치南会津町의 전업농가에서 장남으로 태어난 칸케 씨는 당초 가업을 이어 농군이 될 생각이었지만, 정부의 농지 축소 정책을 지켜보면서 "농업으로는 생계를 꾸릴 수 없다"는 것을 알게 되었다고 합니다. 그 후 교직에 뜻을 두고 대학에 진학, 수학을 전공하고 치바 현에서 교사 생활을 하다 고향인 후쿠시마 현 소재의 고등학교에 수학교사로 부임하게 되었습니다.

'3.11'은 칸케 씨가 고교입시 판정회에 참석하던 날이었습니다. 동일본대지진과 후쿠시마 제1원전 사고 이후 학생들과 동료 교사들의 안전을 확인하는 등 혼란으로 가득 찬 생활을 거듭하던 칸케 씨는 이듬해 3월 정년을 맞았습니다.

◎ **바쁜 생활**

정년퇴임 후 한숨 돌릴 틈도 없이 후쿠시마 부흥 센터 설치와 원전 사고의 완전배상을 요구하는 모임 설립에 관여하는 등 많은 동료와 함께 분주히 뛰어다녔습니다.

그 과정에서 끈질긴 교섭이 진행되었지만 시종일관 가해 책임을 지지 않겠다는 자세로 일관한 도쿄전력. 결국 칸케 씨

'늘 이재민들의 곁을 지키는 지원'을 제공하기 위해 노력을 기울이는 칸케 아라타 씨

와 동료들은 2013년 3월, 정부와 도쿄전력에 위자료와 원상회복을 요구하는 소송을 제기했습니다. 일률 25만 엔의 위자료, 임산부의 경우에는 25만 엔을 더해 지속적으로 매월 성인 3만 엔, 어린이 8만 엔을 공간 방사능이 시간당 0.04마이크로시버트 이상인 상황에서 후쿠시마 제1원전 폐로가 실시될 때까지 지불하라고 822명의 시민들과 함께 요구한 것입니다. 현재 제2차를 포함, 총 1395명의 원고가 이 소송에 참가하고 있는 상황입니다.

원전 사고는 칸케 씨가 "현역 시절보다 더욱 바쁜 나날"을 보내게 만들었습니다. "이렇게까지 바쁘게 살게 될 줄은 정말 상상도 못했어요. 눈 깜짝할 사이에 3년 반이 지나가 버리더군요."

이재민의 생활 상담 업무로 시작한 지원활동. 여름이 지나면서부터는 "내용이 바뀌기 시작했다"고 합니다. 초기에는 "일자리를 잃고 가족들이 뿔뿔이 흩어지게 되었다"며 고민을 토로하는 이들이 주를 이루었던 데 반해, 시간이 갈수록 "도대체 어떻게 살아야 하느냐"고 묻는 이들이 늘어난 것입니다. 이 외에도 고향을 빼앗겨 설 자리를 잃어버린 이재민, 원전 노동자들의 대우와 안전 확보 등에 관한 상담 등 칸케 씨는 "순간순간 대응에 긴장을 늦출 수가 없었"습니다.

◎ 스스로에 대한 물음

칸케 씨는 "교사 시절 모든 것을 아이들의 시선에서 이야기를 들어주기" 위해 노력했습니다. 그리고 이제는 "그런 개인적 경험을 되살려 이재민의 입장에서 진정 필요로 하는 지원"을 제공하기 위해 노력 중입니다. 아울러 "이와키 시에 더불어 사는 삶에 대한 의식을 형성하는 것이 중요하다"고도 느꼈다고 합니다.

또한 칸케 씨는 가설주택에 지원물자를 전달하는 자원 활동을 해 왔는데 그 과정에서 이재민들로부터 "이제 (물자를) 무료로 나눠주는 일은 그만했으면 좋겠다. 무작정 시혜를 받고 싶지 않다"는 말도 들었다고 합니다. "이재민들을 어떻게 봐야 할지 다시금 생각하게 되는 기회였습니다. 뭔가를 '해 주고 있다'는 자만심부터 버려야 하는 것 아닐까 하고 말이지요." 칸케 씨는 지금도 끊임없이 그런 자문을 던지며 활동을 계속하고 있습니다.

오이大飯 원전 재가동에 제동을 건 후쿠이지방재판소 판결, 가와마타마치에도 야마키야 지구 이재민 자살과 원전 사고 사이의 인과관계를 인정한 후쿠시마지방재판소 판결 등 원전 피해자들을 고무시키는 사법부의 판결이 줄을 잇고 있는 요즈음, 칸케 씨는 말합니다.

"재판소에도 오늘날 우리가 직면한 현실을 제대로 파악하고 있는 이들이 있구나 싶어 무척 격려가 되더라고요. 이와키 시민 소송과 관련해서도 원전 노동자들에게 격려가 되고, 나아가서는 상황의 총체적인 개선을 도모할 수 있는 투쟁이 시민들을 중심으로 이루어지게 될 겁니다. 노력을 늦추지 말아야죠."

_ 2014년 9월 15일 자

자식들과의 약속

생업 소송을 통해 도쿄전력과 재판을 진행 중인
임업인 치쿠이 마코토 씨·유리코 씨 부부

후쿠시마 현 이나와시로마치에서 임업에 종사하고 있는 치쿠이 마코토^{筑井誠}(61세) · 유리코^{百合子} 씨(57세) 부부는 도쿄전력에 "원전 사고의 완전 수습과 관련한 책임을 지라"고 요구 중입니다. '생업을 돌려줘, 지역을 돌려줘!' 후쿠시마 원전 소송에 막 결혼해 가정을 꾸린 작은아들 다이스케^{大介} 씨(28세), 며느리 리나^{里奈} 씨(29세) 등 가족 4명이 함께 참여하고 있는 것입니다. 산이 방사능에 오염되면서 "사활이 걸린" 사태로 발전했기 때문이었습니다.

◎ 직접적으로 닥쳐온 문제

"원전 사고 이후 수피^{樹皮}를 검사해 보니 수치가 무려 8000 베크렐에 달하는 목재도 있었다"고 합니다. 고리야마 시 코난

마치湖南町에 있는 본인 소유 산림에서 채취한 수피에서도 648 베크렐의 방사능 수치가 검출되었습니다.

치쿠이 씨는 후쿠시마 현 내의 산들을 다니며 벌채를 해 왔습니다. 다른 지역에 가게 될 경우 "비용이 너무 비싸 채산이 맞지 않기 때문에 수입목재를 상대로 경쟁할 수 없기" 때문이었습니다.

'3.11' 당시 치쿠이 씨 부자는 다무라 시 미야코지都路에서 작업을 진행 중이었습니다. 당시 엄청나게 강한 진동을 느낀 치쿠이 씨 부자는 포클레인 등 대형장비를 현장에 방치해두고 피난을 할 수밖에 없었습니다. 이후 작업현장은 출입금지 구

고향의 옛 자연을 돌려 달라고 호소하는 치쿠이 씨 부부

역으로 지정되고 말았습니다. 그리고 이듬해인 2012년, "후쿠시마산은 필요없다"면서 누구도 목재를 구매하지 않게 되었습니다.

"일생에 한 번 짓는 집인데, 방사능에 오염된 재료를 쓸 수 없다는 거였지요."

치쿠이 씨가 임업에 종사하기 시작한 것은 25세 무렵부터입니다.

"원래 이 지역 사람들은 대부분 겨울철에 객지벌이를 하러 갔었습니다. 저도 다카하마高浜원전 등에서 2년간 일한 적이 있었고요. 결국 객지벌이를 나가지 않고 고향에서 내내 일할 수 있는 방법을 찾다가 임업을 선택하게 된 겁니다."

"그 후 35년간을 일하다가 막 매출이 오르고 있던 참에 원전 사고가 일어났습니다. 그래서 폐업한 동료도 있었어요." 치쿠이 씨는 취미로 이나와시로 호에서 붕어, 잉어, 피라미 등을 낚기도 했었지만, 원전 사고 이후부터 담수어를 낚시해 먹는 일도 금지돼 버렸습니다.

◎ **벌목할 땐 방사능 측정부터**

산에 들어갈 때마다 아들과 동행하는 치쿠이 씨. 다이스케 씨가 가업을 이어주었습니다. "벌목작업을 하면 분진이 엄청나게 날립니다. 그래서 방진마스크를 쓰는데, 이게 여름철에는 너무 더워서 아예 일을 할 수 없을 정도거든요. 마스크를 벗으면 또 방사능에 오염된 나무 부스러기를 마시게 될까 봐 걱정이 되고. 그래서 아들한테는 벌목작업을 시키지 않고 있어요"라며 건강 피해를 염려합니다. 그는 말합니다. "고맙게도 아들 녀석이 가업을 잇겠다고 하는 상황이니 저로서는 그저 하루빨리 원전 사고가 수습되기를 바랄 뿐입니다."

아내 유리코 씨는 "도쿄전력만 보면 분통이 터진다"고 합니다.

"눈에 보이지 않는 방사능 때문에 늘 겁에 질린 채 생활하고 있어요. 아이가 이제 막 결혼했습니다. 앞으로 손자를 낳아 건강하고 튼튼하게 길러야 할 텐데, 산이 이렇게 방사능에 오염되어 있어서야 어떻게 안심할 수 있겠어요."

눈이 많이 내리는 아이즈 지방에서는 겨울철에 벌목을 하기 힘듭니다. 그래서 치쿠이 씨 부자는 일단 나카도리에서 방사능 측정부터 진행한 후 벌목작업을 하고 있습니다.

"장소를 신경 쓰지 않고 작업할 수 있는 날이 어서 왔으면 좋겠어요."

_ *2014년 9월 22일 자*

불철주야 주민의 생명을 지키기 위해

전 나미에마치 진료소 간호사

곤노 치요 씨

후쿠시마 시내 임대주택에서 피난생활 중인 나미에마치 출신의 곤노 치요今野千代 씨(62세)는 동일본대지진 이후 오빠와 모친이 세상을 떠났습니다. 그렇지만 1년간 유골을 매장할 수 없었습니다. 곤노 씨는 "정신없이 지냈다"면서 지난 3년 반의 시간을 술회했습니다.

◎ **"자격증이 필요하다"**

곤노 씨는 1974년부터 지난해 3월까지 39년간 간호사로 생활해 왔습니다. 여성이 자립해 살아가기 위해서는 "자격증이 필요하다"는 생각에 간호사 자격을 취득한 것입니다. 이러한 결정에는 "모친도 간호사였던" 환경이 영향을 주었습니다. 곤노 씨는 이와시로마치岩代町(지금의 니혼마쓰 시)에서 태어나

초등학교 2학년 시절부터 나미에마치에서 살았습니다. 동일
본대지진과 도쿄전력 후쿠시마 제1원전 사고가 일어난 뒤 정
년퇴임을 맞기까지 2년간은 "야전병원 같은 상황이던" 나미에
마치 공립 건강보험 쓰시마津島 진료소에서 일했습니다.

곤노 씨는 '3.11' 직후 약 1500명의 인구가 살고 있는 쓰시
마 지구로 향했습니다. 약 8000명의 연안부 주민들이 피난 중
인 곳이었습니다. 진료소에는 지진 때문에 몸 상태가 나빠졌
거나 정기적으로 복용하던 약이 떨어진 사람 등 평소의 8배
나 되는 환자들이 몰려들었고, 그래서 300명이 넘는 사람들이
200~300미터나 줄을 지어 서 있었습니다.

환자들 중에 처음 진료소를 찾는 이들도 많다 보니 진료기
록 카드가 없어 기존에 어떤 약을 처방받고 있었는지를 알아
보는 데도 애를 먹었습니다. "어떤 약을 드셨느냐"고 물어봐

곤노 치요 씨

도 그냥 '흰색 약' 혹은 '빨간 약'하는 식의 대답이 많아 혼란이 거듭되었던 것입니다.

"이 상태라면 생명을 잃을 수도 있다."

곤노 씨는 소장 세키네 슌지閔根俊二 씨(의사)를 비롯한 진료소 동료들과 한동안 진료소에서 잠을 자며 검진 및 간호업무에 임할 수밖에 없었습니다. '생명의 등대'이던 진료소로 도움을 청하는 이재민들이 몰려들었기 때문입니다. 피난소도 고령자와 개호가 필요한 사람들로 붐볐습니다.

나미에마치의 경우 모든 주민들이 피난을 가야 했기 때문에 진료활동 또한 이재민들의 피난처로 자리를 옮겨 이루어질 수밖에 없었습니다. 그래서 일단 가설주택이 지어지면 진료소가 개설되고, 이재민들의 건강과 생명을 지키기 위한 불면불휴不眠不休의 격무가 이어지곤 했습니다.

◎ "재가동은 말도 안 되는 소리"

"나미에마치에 계시던 개업의開業醫 선생님들이 환자를 보게 되면서 후쿠시마 밖으로 피난을 가 있던 주민들도 진료소로 찾아오기 시작했습니다. 원래 치료를 받던 선생님에게 이야기를 들을 수 있다는 사실만으로 안도감을 느끼는 환자들이 무척 많았지요."

조금은 편안해진 표정으로 말을 잇는 곤노 씨.

"우리 진료소 동료들도 15년을 함께해 왔거든요. 환자들이 기운을 차리는 것보다 기쁜 일이 없어요."

원전 사고 당시 환자들 때문에 쓰시마 지구에 오래 머물러 있을 수밖에 없었던 세키네 선생님은 체내 방사선량이 800마이크로시버트나 되었습니다. 함께 행동했던 곤노 씨도 비슷한 정도로 피폭되었을 것이라 예상됩니다. 현재 간호사를 은퇴한 상태인 곤노 씨는 "쓰시마 사람들과 미처 못 나눈 대화를 하고 싶다"며 재회에 설레고 있습니다.

"다함께 쓰시마로 돌아갔으면…." 곤노 씨는 한참 만에 일시 귀가를 허가받던 날을 떠올립니다. "도대체 왜 우리 동네, 우리 집에 가는데 검문을 받아야 하는 상황이 된 건지. 정말 괴롭습니다. 이런 부조리한 일이 또 있을까요."

그녀는 최근 가와마타마치에서 여동생 부부의 리시안셔스 Lisianthus 재배 일을 돕고 있습니다.

"아베 총리는 나미에마치 주민들이 원전 사고로 얼마나 괴로운 일들을 겪어야 했는지 알고나 있는 걸까요. 지금도 한치 앞을 내다보기 힘든 상황 속에서 잠 못 이루는 나날들이 계속되고 있습니다. 재가동이라니 말도 안 되는 소리지요. 또 이런 일이 일어나면 어떡하려고 그런답니까."

_ 2014년 9월 23일 자

피해보상법 제정을 향해

이와키 시민 소송 원고단 부단장
사토 미츠오 씨

주민들에게 '미츠오 선생'이라 불리며 추앙받는 후쿠시마 현 이와키 시의 사토 미츠오^{佐藤三男} 씨(70세). 사토 씨는 38년간 초등학교 교사로 근무하며 "아이들을 또다시 전쟁터로 보낼 수는 없다"는 신념으로 반전민주교육에 앞장서 왔습니다.

또한 요즘에는 "아이들을 방사능 피해에 노출시키는 원전은 필요없다"는 판단하에 이와키 시민 소송 원고단 부단장이라는 중책을 맡고 있기도 합니다.

"무척 가난했습니다."

아들 셋, 딸 여섯, 일곱 남매의 막내. 원래 대장간을 운영하던 사토 씨의 집은 트랙터 등의 보급으로 괭이, 도끼, 낫 같은 농기구가 팔리지 않게 되자 수입이 크게 줄어들었다고 합니다.

◎ 하루도 거르지 않은 학급 소식지

"자식들 중에 한 사람 정도는 대학에 보내야겠다"는 부모님의 뜻에 따라 후쿠시마대학 학예학부(지금의 교육학부)에 입학한 사토 씨. "전일본 학생 기숙사 자치 연합회 활동을 하면서 기숙사생들의 생활과 권리를 지키는 투쟁에 몸담았습니다. 1학년 시절 마쓰카와 사건에서 재판부가 모략에 대항하는 이들의 손을 들어주었던 일이 지금도 기억에 새롭네요."

교사가 된 직후 아이즈와카마쓰 시 분교로 부임한 사토 씨는 "30명 학급 실현을 위해 학부모들과 어떻게 연대할 것인가"를 고심한 끝에 《두근두근》이라는 제목의 학급 소식지를 매일 발행하기로 했고, 그 결과 다음과 같은 학부모들의 반향을 이끌어내게 되었습니다.

"아이가 학교생활에 대해 생생히 이야기해주게 되었습니다. 선생님을 통해서 이뤄지는 여러 가지 일들이 워낙 놀랍고 신선했기에 가능할 수 있었던 것이라고 생각해요."

"선생님께서 노력하시는 모습을 보면서 저도 매일 《두근두근》을 읽고 감상을 적게 되었습니다. 그 덕에 때로는 딸이 남편이나 할머니와 소통하게 되는 기회도 생겼고요."

그밖에도 사토 씨는 매년 한 번씩 학생들을 인솔해 등산을 가거나 아버지들을 대상으로 술자리를 주최하는 등, 아이들의 가정 사정을 파악하기 위해 노력했습니다. 이렇듯 열정적으

'아이들의 장래를 위한 즉각적인 원전 제로'를 호소하는 사토 미츠오 씨

로 교사생활을 했던 사토 씨이다 보니 도쿄전력 후쿠시마 제1원전 사고 이후 "낮은 방사선량에 지속적으로 노출되는 환경에서 장래에 아이들이 어찌될까" 싶어 이미 은퇴를 한 후인데도 다시 아이들에게 마음을 쏟기 시작했습니다.

2011년 4월 부흥·복구를 위한 하마도리 부흥센터를 설립하고, 같은 해 12월에는 원전 사고의 완전배상을 요구하는 모임을 결성했습니다. 도쿄전력과의 직접 교섭은 물론 정부에 이런저런 일들을 요구하는 단체행동에 헌신적으로 매달려온 사토 씨. 그렇게 끈질긴 교섭을 진행하다 2013년 1월, 이와키 시민 소송 원고단을 결성하게 되었습니다. 정부와 도쿄전력에 손해배상을 요구하는 소송을 제기한 것은 그로부터 두 달

후의 일이었습니다.

"원전 사고로 인생이 바뀌었습니다. 정년퇴임 후에는 좋아하는 사진촬영과 등산, 스키 등이나 즐기며 지낼 생각이었는데, '원전 제로' 활동이 주가 되어버렸거든요"라며 지난 3년 반을 술회하는 사토 씨. 이와키 시민 소송에는 222명의 아이들이 원고 자격으로 참여하고 있기도 합니다.

◎ **전국적으로 연대해서**

2012년부터는 전국 공해총괄행동公害総括行動 실행위원회에 참가해 왔습니다.

"올해 진행된 도쿄전력, 그리고 정부와의 교섭에서 의장을 맡았는데, 가해의식이라고는 없는 그들의 태도를 보니 정말 화가 나더라고요. 공해총괄행동 내에서도 원전 문제를 전후 최대의 공해로 간주하고 있어서 전보다 시각이 훨씬 넓어지고 있습니다. 전국적으로 연대해서 싸울 생각이에요."

사토 씨는 원전 사고와 관련해 "단순히 배상만 받는 것으로 끝나면 안 된다"는 생각을 갖고 있기도 합니다.

"후쿠시마 원전 사고 피해 보상법이 제정되고 보상기금이 설치되는 날까지 싸워야죠."

_ *2014년 10월 6일 자*

젊은이들의 꿈이 이루어지도록

이와키 시민 소송 원고
아베 세츠코 씨

후쿠시마 현 이와키 시에 거주하는 아베 세츠코阿部節子 씨(58세)의 큰아들(27세)은 지난 2009년 샐러리맨 생활을 그만두고 이와키 시로 돌아와 농사일을 시작했습니다. 큰아들은 신규취농지원사업新規就農支援事業을 활용해서 다섯 명의 동료들과 함께 10개의 하우스를 빌려 유기농 재배에 도전해 아스파라거스, 누에콩, 파프리카, 스냅완두콩 등을 재배했습니다.

◎ 엄격한 기준에 따라 재배

판로와 관련해서도 무농약농산물 판매 전문 업체인 '라딧슈보야らでぃっしゅぼーや'와 계약, ① 농약을 줄이고, ② 토양소독을 금지하며, ③ 제초제를 사용하지 않고, ④ 유기비료를 사용하며, ⑤ 자가식용自家食用과 동일한 것들을 출하한다는 엄격한 기준에 따라 채소를 재배했습니다.

하지만 도쿄전력 후쿠시마 제1원전 사고는 젊은이들의 이런 의욕적인 활동을 정면에서 가로막아 버렸습니다. 그 결과 다섯 동료들 중 리더를 맡던 여성이 "후쿠시마라는 이름을 걸고는 물건을 팔 수가 없다"면서 이와키 시를 떠나버렸고, 유치원생과 갓난아이를 키우던 부부도 그 뒤를 따랐습니다. 그리고 아베 씨의 장남도 결국 올해(2014년) 6월 농업을 포기하고 말았다고 합니다.

아베 씨는 말합니다. "원전 사고가 농업에 모든 것을 걸었던 젊은이들의 꿈을 앗아가 버린 겁니다. 아이들에 대한 우리 어른들의 책임을 다하기 위해서라도 정부와 도쿄전력이 책임을 지게하고 싶어요." 그래서 그녀는 이와키 시민 소송의 원고가 되었습니다.

동일본대지진이 일어났을 당시 신일본부인회 이와키 지부 사무국장을 맡고 있기도 했던 아베 씨는 당시 혼자 살고 있던 고령자들의 안부 확인에 필사적으로 매달렸습니다. 사무소는 완파되었고, 전체 회원 중 8할이 후쿠시마 밖으로 피난을 떠나 버렸습니다.

시간이 지나면서 피난을 떠났던 회원들이 조금씩 이와키 시로 돌아오기는 했지만 "사고 후 3년 7개월이 지나도 나머지 1할은 아직 돌아오지 않고 있다"고 합니다. 결국 신일본부인

"정부와 도쿄전력이 책임을 지게 하고
싶다"는 아베 세츠코 씨

회 이와키 지부의 회원이 200명으로 줄어들게 된 것입니다.

엄청난 갈등 속에 피난을 간 사람들과 피난을 가고 싶지만
그러지 못했던 사람들. 당시 이와키 시에 남았던 사람들은 '마
음의 짐'을 진 채 살아가고 있습니다. "3년 7개월 전에 일어난
일이지만 다들 선명하게 기억하고 있습니다. '그때 나는 이랬
다'면서 원전 사고로 인한 방사능 피폭을 걱정하고 있지요. 사
고는 이렇게 아직 수습되지 않은 상태인 겁니다."

그럼에도 불구하고 최근 후쿠시마가 사람들에게 잊히고
있는 것 같아 우려를 떨칠 수 없다는 아베 씨. "총리는 '재가동

은 물론 수출까지 하겠다'면서 마치 후쿠시마 사고가 아예 일어나지도 않았던 것처럼 행동하고 있잖아요."

◎ 새로운 흐름을 느끼며

이러한 와중에 가와마타마치에서 피난을 강요받아 자살한 여성의 유족이 손해배상을 요구하는 재판에서 자살과 원전 사고와의 인과관계가 인정된다는 판결이 내려졌습니다.

이 일이 원전 사고 피해자들의 입장에서 보면 "격려가 되는 일"이라면서 새로운 희망을 느끼는 아베 씨. 그는 말합니다.

"방사능 오염이라는 어처구니없는 일을 당하고 그 현실에 맞서기 위해 행동해 온 3년 7개월이었습니다. 재가동은 절대로 용납할 수 없어요. 이와키를 사랑하기 때문에 원전 즉각 제로, 현 내 10기 폐로, 의료비 보장 등을 실현시키고 싶습니다. 젊은이들의 꿈이 이루어지는 이와키 시를 만들고 싶어요."

_ 2014년 10월 13일 자

원전 사고의 참혹함을 묘사

후쿠시마전 입선 화가
니시 케이타로 씨

후쿠시마 현 소마 시의 화가 니시 케이타로^{西啓太郎} 씨(78세)는 주로 도호쿠지방에 전해져 내려오는 시시오도리^{鹿踊り}(사슴춤) 등의 전통예술이나 농가의 생활 등을 그려왔습니다. 하지만 '3.11' 이후 모든 작품의 주제가 '원전 사고'로 바뀌어 버렸습니다.

◎ **새로운 흐름을 느끼며**

원전 사고 직후 소마시 타마노 지구의 한 낙농가를 방문했을 때였습니다. 니시 씨는 그곳에서 젖소를 처분해야 하는 낙농인의 슬픔과 분노를 전해 듣고 큰 충격을 받았습니다.

그 일을 계기로 "도쿄전력은 도저히 용서할 수가 없다. 마음으로 느껴지는 '원전 사고의 비참함'을 그리고 싶다"는 생각을 하게 되면서 "작풍이 바뀐" 것입니다.

'3.11' 이후 3년간 후쿠시마 현 종합미술전람회(현 전展)에 니시 씨가 출품했던 작품들은 하나같이 입선을 했습니다.

2012년 입선한 'Kizuna'의 경우 지진해일로 육지까지 밀려나온 나미에마치 우케도항의 배 앞에 선 가족을 묘사한 작품이었습니다. 그리고 지난해 입선한 '소와 소녀'는 멀리 폭발한 도쿄전력 후쿠시마 제1원전 건물이 보이는 가운데 누워 있는 소와 소녀를 그렸습니다.

그리고 올해(2014년) 입선작인 '목숨'은 하늘을 올려다보는

작품 앞에 앉아 이야기를 하고 있는 니시 케이타로 씨

소의 눈동자에서 굵은 눈물이 흘러 떨어지는 순간을 그렸습니다.

"동물은 살아있는 것의 상징입니다. 동물에 대한 연민을 표현함으로써 원전을 고발하고 싶어요."

니시 씨는 태평양전쟁을 어렴풋이 체험한 세대입니다. 세 살 무렵 그의 부친은 중국에 배치되었다가 말라리아에 걸려 귀국했고, 센다이에 있던 육군병원에서 전병사戰病死했다고 합니다.

"센다이 공습의 기억이 아직도 남아 있어요. 많은 사람들이 불에 타 죽는 것을 봤습니다. 미나미소마에 있는 외가로 피난했는데, 먹을 게 없어서 무척 고생했지요. 초등학교에서 군사훈련을 받다 따귀를 맞은 적도 있어요."

◎ **소송단에 참여**

초등학교 때부터 "그림을 잘 그린다"는 말을 들었고, 고교 시절에도 미술부에서 활동했습니다. 그리고는 도쿄의 타마미술대학에 진학해 서양화를 전공했습니다. 대학을 졸업한 후에는 중학교 미술교사로 정년퇴임을 할 때까지 근무했습니다.

니시 씨가 사는 소마 시는 후쿠시마 원전이 있는 연안부에 위치해 있었는데도 자체적으로 서둘러 제염을 실시한 사람들에게 한 푼의 비용도 지불하지 않고 있습니다. 니시 씨는 피난민이 거주하는 가설주택 등을 방문, 구호물자를 전해주는 일을 했었습니다.

"가설주택은 정말 열악하기 짝이 없습니다. 인간답게 생활할 수 있는 장소가 아녜요. 그렇다 보니 원전 피해에 대한 구제가 어떤 식으로 이루어질지에 대해서도 불신감이 팽배해졌습니다. 이런 상황에서 어떻게 잠자코 가만히만 있을 수 있겠어요."

그래서 결국 '생업을 돌려줘, 지역을 돌려줘!' 후쿠시마 원전 소송 원고단에 참가하게 되었습니다. 또한 니시 씨는 최근 원전 재가동과 집단자위권 용인 관련 각의결정 등으로 대표되는 아베 정권의 폭주에 위기감을 느끼고 있습니다.

"이번 원전 사고는 원전이 '안전하다'는 보장이 없다는 사실을 여실히 증명했습니다. 저는 원전 즉각 제로를 요구하며 전쟁에 반대합니다. 정부의 역할은 국민의 목숨을 지키는 거잖아요. 집단자위권 행사를 용인하는 각의결정이 법제화되는 것은 생각만 해도 무서운 일입니다. 징병제가 실시될 텐데, 전쟁의 비참함을 알고 있는 저는 절대로 동의할 수가 없어요."

_ 2014년 10월 20일 자

장애인은 어디로 도망쳐야 하나

생업 소송 원고
기쿠치 유미코 씨

후쿠시마 현 소마 시의 기쿠치 유미코菊池由美子 씨(40세)는 정부와 도쿄전력에 원상회복과 손해배상을 요구하는 생업 소송에 참가 중인 유일한 정신 장애인 원고입니다.

◎ 자발적으로 공부해 소송 준비

《신문 아카하타》 기사로 생업 소송 관련 내용과 설명회 안내 등이 게재되어 있는 것을 본 기쿠치 씨는 자발적으로 공부해서 원전 즉각 제로와 재가동 반대 등을 요구하는 생업 소송에 참가했습니다. 그리고 소마 신치마치의 원전 사고 전면 배상을 요구하는 모임에도 가입했습니다.

기쿠치 씨는 '일반사단법인 해바라기의 집'에서 운영하는 그룹 홈group home(주로 지적 장애인들이 모여 사는 복지시설. 장애인과 돌보는 이가 함께 거주한다. - 옮긴이)에 살고 있습니다. 해바라기의 집은 정신적, 지적 혹은 신체적 장애를 가지고 있는 사람들이 지역 내에서 일상적인 생활을 할 수 있는 복지사회 실현과 더불어 사는 사회 만들기를 지향하는 곳입니다.

"도대체 어디로 도망을 가야 하나요. 도망칠 장소가 없으면 애초부터 불가능한 일 아닌가요?"

기쿠치 씨는 일단 원전 사고가 일어나면 피난처를 확보할 수 없다는 이유로 행정 당국이 장애인들을 그냥 내버려 둘지도 모른다는 불안에 시달렸습니다.

원전 사고 당시 도쿄전력 후쿠시마 제1원전으로부터 30킬로미터에서 50킬로미터 가까이 떨어져 있는 소마 시의 경우,

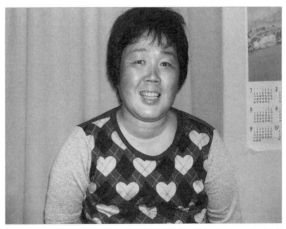

"깨끗했던 바다로 돌려놔 달라"고 호소하는 기쿠치 유미코 씨

따로 피난 지시가 내려오지 않았기에 해바라기의 집은 피난을 가지 않아도 되었습니다. 그렇다 보니 나미에마치, 후타바마치 등 피난구역 내 시설에 다니던 장애인들이 해바라기의 집으로 피난해 왔습니다.

기쿠치 씨는 후쿠시마 원전 사고를 체험하면서 아베 총리의 원전 재가동과 해외수출 시도에 대해 "절대 반대하는 것은 물론 전국의 원전을 없애야 한다"는 생각까지 갖게 되었다고 합니다.

동일본대지진과 후쿠시마 제1원전 사고 이후의 3년 7개월은 장애인인 그녀에게도 예외 없이 괴로운 나날들이었습니다.

◎ 밝게 살고 싶다

기쿠치 씨의 자택은 소마 시 해안 근처에 있었습니다. 당시 소마 시를 덮친 지진해일의 높이는 9.3미터. 집에 있던 기쿠치 씨의 양친과 언니, 그리고 조모 등을 삼켜버렸습니다. 기쿠치 씨는 당시 해바라기의 집에 있었기에 화를 면했습니다.

건설회사에서 일하던 부친은 "매사 성실하고 엄격한 면이 있는" 분이었다고 합니다. "언니가 맨 처음, 그리고 조금 있다가 어머니, 아버지, 할머니 등의 순으로 가족들이 차례차례 발견되었습니다. 동창들도 많이 희생되었지요." 소마 시에서 대지진으로 사망한 사람은 480명이 넘습니다.

해바라기의 집에서 지내기 시작한 지 8년째. "밝게 살고" 싶고, 그렇게 때문에 "친구가 제일 소중하다"는 기쿠치 씨.

"인간관계를 하다 보면 나랑 맞는 사람과 맞지 않는 사람이 있지요. 그런 부분에서 충돌하지 않고 잘 지내기 위해서라도 사람들과 사이좋게 지내고 싶어요."

작업장에서 기쿠치 씨는 소포 배달과 시설 청소 등의 업무를 맡고 있습니다.

소마 앞바다에서 잡히는 가다랑어를 좋아한다는 기쿠치 씨. 시험 조업은 시작되었지만, 소마 앞바다에서 잡힌 어패류를 먹는 것은 아직 불가능한 상태입니다.

"하마도리를 원상태로 돌려놔 주었으면 좋겠어요. 아직 조반常磐선이 달리지 못하는 곳들이 남아있으니까 다시 전차가 다닐 수 있게 조치를 좀 취해주었으면 하고요. 다시 맛있는 생선을 먹을 수 있게 하루빨리 깨끗했던 바다로 돌려놔 주었으면 합니다."

_ *2014년 10월 27일 자*

유기농업에 인생을 걸고

이와키 시민 소송 원고
히가시야마 히로유키 씨

후쿠시마 현 이와키 시 산간지역에서 쌀과 50가지가 넘는 다양한 채소를 재배하는 유기농업자 히가시야마 히로유키東山広幸 씨(53세)는 "사람들의 생명유지에 기여하는 생산에 인생을 걸어" 왔습니다.

◎ **생물물리학biophysics을 전공**

하지만 도쿄전력 후쿠시마 제1원전 사고는 이런 나카야마 씨의 신조를 송두리째 무너뜨려버린 사건이었습니다. "광범위한 토지를 오염시켜 유기농업자들의 긍지는 물론 생활의 기반까지 근본적으로 파괴해 버렸기" 때문입니다.

도호쿠대학과 동 대학원에서 생물물리학을 전공한 히가시야마 씨. 원전 사고 이후 자신의 전문지식을 활용, 소비자들에

재배 중인 쌀의 상황을 살펴보는 히가시야마 히로유키 씨

게 방사능오염 대응책과 농산물과 방사능물질의 상호작용 메커니즘 등을 설명해 왔습니다. 그렇게 필요 이상의 걱정을 조금씩 불식시키면서 "7할 이상의 단골손님들을 대상으로 영업을 계속"해 온 것입니다.

원전 사고 이후 3년 7개월간은 그런 히가시야마 씨가 "능력의 한계를 시험받는 나날들"이었습니다. 아울러 "보통의 농가는 방사능 오염에 대처할 수 없다. 생화학, 화학, 물리학, 지질학 등을 포괄한 과학적 대응이 필요하다"는 것을 통감할 수 있었다고 합니다. 소문 피해는 히가시야마 씨의 생활에도 큰 타격을 주었습니다. "원래 아슬아슬한 수입으로 간신히 지탱해 왔는데, 요즘은 그나마도 힘들어져서 그간 모아둔 저금으로 생활하고 있는 상황"이라고 합니다.

홋카이도 출신인 히가시야마 씨는 《신문 아카하타》의 '젊은 메아리'란에 농사를 지을 토지를 찾는다는 투고를 했던 일을 계기로 이와키 시에서 농업을 시작하게 되었습니다. 정보가 신속하게 전해져 이주가 결정되었기 때문입니다.

"대학시절부터 원전 건설에 반대해 왔다"는 히가시야마 씨는 "사고가 일어나면 어떻게 할 것인가", "방사성 물질은 어떻게 폐기할 것인가" 등 원전에 대해 근본적인 의문점을 가지고 있었습니다.

히가시야마 씨가 대학에서 받은 수업 중에 방사능 방어 관련 강의·실습이 있었다고 합니다. "그 방어 작업이라는 게 정말 엄청나게 힘들더라고요. 학생들이 하는 실습이 그 정도인데 실제 원전 작업원들은 어떻겠습니까. 고충이 가히 상상을 넘어서는 수준일 겁니다."

50아르 규모의 논과 70아르 규모의 밭을 경작하는 히가시야마 씨. 다행히 방사성 물질은 검출되지 않고 있습니다. 추천 작물은 토란, 양파, 청완두 등 세 가지. 소비자들에게도 인기라 "양파가 과일처럼 날로 먹어도 될 정도"라는 호평까지 듣고 있습니다.

◎ '안전'과 '맛'

히가시야마 씨는 수확한 농작물을 농협이나 슈퍼마켓 등

에 일체 출하하지 않고 택배를 통해 직접 소비자들에게 전하고 있습니다. 입소문에 힘입어 10종류 이상의 계절 채소를 컨테이너에 채워 판매 중입니다. "안전은 기본 전제입니다. 또, 유기농업은 맛이 생명이지요. 일단 맛이 좋아야 팔리는 거니까요"라며 자신만의 비결을 이야기하는 히가시야마 씨. "맛있는 채소를 기르는 데 비료가 무엇보다도 중요"하기 때문에 어분魚粉(생선을 말려 빻은 가루), 쌀겨 등 천연재료를 사용합니다. "어분은 아미노산이 풍부하기 때문에 맛있는 채소를 재배하는 데 결정적인 영향을 줍니다. 또, 쌀겨는 채소를 건강하게 만들어주고요."

"올해 후쿠시마산 쌀 수매가가 60킬로그램당 약 7000엔 정도입니다. 정말 어처구니가 없는 수준이에요. 원전 사고로 안전성과 관련한 신뢰가 사라졌기 때문에 그런 겁니다. 타격의 규모가 그야말로 비참할 정도죠. 이러니 제가 도쿄전력을 용서할 수 있겠습니까?"라며 이와키 시민소송 참가 경위를 설명한 히가시야마 씨가 결연한 어조로 말을 맺었습니다.

"원전과 결별하라는 요구는 지극히 당연한 것입니다. 나중에 아이들과 손자들에게 원망을 듣지 않기 위해서라도 최선을 다하고 싶습니다."

_ 2014년 11월 5일 자

후쿠시마 현 주민들은 아직도 12만 명 이상이 피난생활을 하고 있으며, 그중 후쿠시마 현을 벗어나 전국 47개 도도부현에 뿔뿔이 흩어져 사는 분들만 4만5천 명이 넘습니다. 그들은 너나할 것 없이 도쿄전력 후쿠시마 제1원전 사고 직후 뉴스 보도에 쫓겼습니다. 이 과정에서 그들이 입은 마음의 상처를 헤아려보자는 의도로 시작된 것이 연재 '후쿠시마에 산다'(2012년 10월 8일 자~)였습니다.

2012년 11월, 한 사람도 빠짐없이 피난을 가야했던 후쿠시마 현 나미에마치 주민들의 일시 귀가가 이루어진 어느 날의 일입니다. 피난민들은 다무라田村 시에 있는 시설에 모여 방호복을 입고 잠시 나미에마치에 다녀왔습니다.

"불단에 꽃만 놓아두고 왔어요. 원전 사고만 없었어도…."

울어서 눈가가 퉁퉁 부어오른 와타나베 아키코渡辺昭子 씨(당시 62세)가 일시 귀가의 소감을 들려주었습니다. 와타나베 씨는 아직도 외아들 준야潤也의 행방을 찾고 있었습니다. 준야 씨는 마을의 소방단원으로 주민들의 피난을 돕다 행방불명되었다고 합니다. 나미에마치 우케도지구는 원전 사고 직후부터 줄곧 출입금지 상태입니다. 와타나베 씨는 아들을 찾아볼 수조차 없었습니다. 그로부터 3년 8개월. 와타나베 씨는 지금까지도 아무런 소식을 듣지 못했습니다.

소마·후타바 어업협동조합 우케도 지소장이던 어부 카노야 모리히사波谷守久 씨도 지진해일로 아내를 잃었습니다. 행방불명된 아내를 제대로 찾아보지도 못한 상황에서 시신이 발견된 것은 수색대의 출입이 허가된 지 1개월 만의 일. 원전 사고가 수색을 방해했던 것입니다. 카노야 씨는 "구조 활동만 바로 이루어졌다면 희생되지 않았을 사람들도 있었다"며 울분을 터뜨렸습니다.

후쿠시마 주민들의 정신적, 경제적 피해는 아직 현재진행형입니다. 아니, 시간이 흐르면서 오히려 한층 복잡하고 곤란한 과제들이 나타나고 있습니다. 동시에 이 모든 문제들을 극복하고 어떻게 살아갈 것인지에 대한 고민 역시 계속되고 있습니다.

우리는 앞으로도 이런 후쿠시마 사람들과 함께하며 그들의 마음을 전하고, 원전 제로 실현을 위한 취재활동을 계속할 것입니다.

이 책은 2014년 11월 5일 자까지《신문 아카하타》에 보도된 내용들을 한 권의 책으로 엮은 것입니다. 책에 등장하는 분들 가운데는 이미 고인이 되신 분들도 있지만, 연령 등은 게재 당시를 기준으로 했습니다. 취재에 협력해주신 모든 분들께 다시 한번 깊은 감사의 말씀을 드립니다.

마지막으로 책에 게재된 '미나미소마에서 농업 지키기'는 후쿠시마 현 기자 노자키 이사오野崎勇雄가, 나머지는 모두 칸노 히사오가 담당했다는 것을 밝혀둡니다.

2014년 12월《신문 아카하타》사회부
칸노 히사오

옮긴이의 말

2012년 9월, 정부는 경상북도 영덕군 영덕읍 일대를 원전 건설 예정 구역으로 지정·고시했다. 후쿠시마 원전 사고가 일어난 지 불과 6개월만의 일이다.

영덕군은 애초 원전 시설에 긍정적인 입장이었다. 2005년 방사성 폐기물 처리장 유치를 놓고 경주, 군산, 포항 등과 경합을 벌인 적이 있으며, 원전 유치에 대한 주민투표 찬성률도 80%나 되었다. 이 주민투표 결과는 2010년 영덕군이 지역 의회의 동의를 거쳐 원전 유치를 신청하게 되는 근거로 작용했다. 적어도 2011년 후쿠시마 원전 사고와 한국수력원자력(이하 '한수원') 납품비리 등으로 주민들의 동요가 일어나기 전까지는.

2000년 5월 5만1121명이던 영덕군 인구는 2012년 4만 257명, 2014년에는 3만9586명으로까지 감소했다. 정부는 '충분한 보상을 위한 범정부적 지원'을 약속하고, 한수원과 함께 '대규모 열복합 단지 조성 등 10대 지역발전 사업'을 제시하는 등 긍정적인 여론 조성을 위해 노력했지만 상황은 녹록치 않앉다. 이러한 분위기 속에 영덕 유권자의 32.5%인 1만1201명이 참여한 가운데 치러진 원전 건설 주민투표에 1만274명이 반대표를 던졌다.

정부는 주민투표 직후 발표한 주무부처 장관 담화를 통해 투표가 법적인 '근거나 효력이 없는' 것이기 때문에 결과 또한 '인정할 수 없다'는 입장을 표명했지만, 모든 일을 뜻대로 진행하기는 힘들어 보인다. 2014년 9월 원전 건설 주민투표에서 85.9%의 반대표가 나온 강원도 삼척시도 벌써 1년째 갈등이 봉합되지 않고 있는 상황인데다, 2003년 방사성 폐기물 처리장 부지로 선정되었지만 주민들의 반대운동 등으로 계획자체가 무산된 전라북도 부안군의 사례도 있기 때문이다.

이런 한국의 현실을 보고 있노라면 《후쿠시마에 산다》에 등장하는 후쿠시마 주민들이 고개를 가로저으며 수없이 되풀이하던 한마디가 더욱 견디기 힘든 무게감으로 다가온다.

"원전만 아니었어도", "원전만 없었던들", "원전만 없었어도", "원전만 없었더라면"….

《후쿠시마에 산다》는 1928년 창간 이후 어느덧 '특정 정당의 기관지'를 넘어 130만 독자들에게 사랑받는 '일본 최고^{最古} · 최대의 진보언론'으로 성장해 있는《신문 아카하타》가 일본 원전의 '안전 신화'를 붕괴시킨 후쿠시마 원전 사고를 맞아, 미처 그 충격을 가라앉힐 새도 없이 보도전쟁에 시달려야 했던 주민들의 상처를 헤아려 보자는 취지로 시작한 기획연재 '후쿠시마에 산다'를 한 권의 책으로 엮어낸 것이다.

후쿠시마 원전 사고 발생 7개월째에 접어들던 2012년 10월 8일 시작된 연재는 현재까지도 계속되고 있으며, 이 책에 실린 2014년 11월 5일 자 분까지는 94명의 주민에 대한 취재가 진행됐다. 광고수익을 물적 토대로 하는 까닭에 콘텐츠의 내용과 형식에 제약이 존재할 수밖에 없는 보통의 언론사에서라면 애초에 구상 자체가 불가능한 시도일 것이다. 시대상을 반영하는 사회적 이슈들을 성역 없이 다루며 축적된《신문 아카하타》사회부의 역량이 유감없이 발휘된 결과, 독자들은 10대에서 80대까지의 학생, 전문직 종사자, 심지어 생활보호수급자까지를 아우르는 다양한 후쿠시마 주민들의 이야기를 들을 수 있으며, 2011년 3월 11일 당시의 상황으로부터 방사능 오염, 피난생활의 고통, 그리고 원전 사고 이전의 일상으로 복귀하려는 몸부림 등이 생생한 르포르타주로 담긴 '원전 사고의 연대기chronicle'를 만날 수 있다.

하지만 《후쿠시마에 산다》는 그저 잘 쓰인 '르포르타주' 혹은 '연대기'에만 머물러 있지 않는다.

이 책에 등장하는 인물의 대부분은 현재 후쿠시마 현 내 59개 기초자치단체에서 약 4천 명의 주민이 제기한 '생업 소송'에 원고로 참여하고 있다. 이 소송은 원고들이 정부에 대해 '보상'이 아닌 '원상복구'를 요구하고 있다는 점에서 다른 소송과 차별화된다(다만, 여기서의 '원상복구'란 '사고 전으로 돌아가자'는 것이 아니라 '피해의 원인인 원전을 없애자'는 의미). 또한 원고들은 '생업 소송'을 통해 자신들 뿐만 아니라 '수많은 사람이 입은 피해에 대한 구제' 또한 요구한다. 원전 사고와 관련한 국가의 피해구제 의무를 일깨움으로써 그에 상응하는 제도적 · 입법적 대응을 촉구하는 것이다. 마지막 요구는 '탈원전'이다. 더 이상 원전 사고의 피해자가 나오지 않기를, 궁극적으로 그 '피해' 자체가 근절되기를 바라기 때문이다. 이는 《후쿠시마에 산다》가 단순히 어떤 '후일담'을 나열해 독자들의 '흥미'나 '경각심'을 불러일으키는 차원에서 그치는 책이 아니라, 오늘을 살아가는 한국의 독자들로 하여금 헌법이 규정하는 '건강하고 쾌적한 환경에서 생활할 권리'를 위해 '재해를 예방하고 그 위험으로부터 국민을 보호'해야 할 '국가의 책임'에 대해 생각하게 하는 책으로 자리매김할 결정적 요소다.

《후쿠시마에 산다》를 번역·출판하는 과정에서 나는 한·일 양국의 많은 분들에게 신세를 졌다. 원전의 위협으로부터 해방된 인류의 미래를 위해, 필자의 작업을 아낌없이 후원해주신 시이 가즈오志位和夫 일본공산당 중앙위원회 위원장, 언제나 따뜻한 격려를 아끼지 않으시는 필자의 가장 큰 후원자 오가타 야스오緒方靖夫 일본공산당 중앙위원회 부위원장, 선배 저널리스트로서 수십 년에 걸친《신문 아카하타》특파원 경험에 기초해 많은 가르침을 주시는 모리하라 키미토시森原公敏 일본 공산당 중앙위원회 국제위원회 부책임자, 언제나 가장 가까운 자리에서 필자가 능력에 부치는 막중한 책임에 힘겨워 하는 순간마다 형제의 무한한 사랑으로 용기를 북돋아 주시는 다도 코로 미노루田所稔 신일본출판사 대표이사 사장 겸 편집장, '후쿠시마에 산다' 시리즈를 담당하며 불굴의 저널리스트 정신을 발휘하고, 한국의 독자들을 위해 뜨거운 우정과 연대를 담은 서문까지 보내주신《신문 아카하타》사회부 칸노 히사오 기자, 지난 한 학기 동안 '후쿠시마와 원전의 인류학' 강좌를 통해, 사회과학의 도식만으로 모든 것을 설명하려는 타성에 젖어있던 필자를 새로운 인식의 지평으로 이끌어주신 야나이 타다시箭内匡 교수, 진정한 의미에서의 국제주의적 관점에서 인류사회의 문제를 보다 본질적으로 바라보는 시선을 갖도록 도와주신 이치노카와 야스타카市野川容孝 교수, 연이은 국제학회 참석 일정 속에서도 다른 듯 너무도 닮은 한·일 두 나라의 현실을 바라보는 데에 언제나처럼 균형 잡힌 가이드라인을 제시해 주신 소중한 의형義兄이자 평생의 스승 시미즈 다카시清水剛 교수 등 도쿄대학의 은사들, 필자의 의견을 늘 주의 깊게 들어주시고, 저널리스트로서 성장할 수 있도록 지도해 주시는 하타노 슈이치羽田野修一 월간 《게이자이経済》 편집장, 둘도 없는 소중한 친구이자 동업자이며 헌신적 우정으로 나를 지탱해 주는 양헌재良獻齋 서재권 대표, 지금까지보다 앞으로 더 많은 시간들을 함께하게 될 나름북스의 김삼권, 조정민, 최인희 — 존재만으로 힘이 되는 세 동지들, 마지막으로 이 책의 실질적 주인인 한국과 일본 두 나라의 출판 노동자 여러분께 이 지면을 빌어 진심어린 감사의 마음을 전한다.

2015년 11월 21일

도쿄대학 교정에서

홍상현